Ralf Schröder

Die Schiffe der Hurtigruten

Vom Postdampfer zum Erlebnisliner

Delius Klasing Verlag

Inhalt

Einleitung	7
Die Geschichte der Hurtigruten	13
Die Reedereien der Hurtigruten	**26**
Vesteraalens Dampskibsselskab	27
Det Bergenske Dampskibsselskab	27
Det Nordenfjeldske Dampskibsselskap	28
Det Stavangerske Dampskibsselskap	28
Ofotens Dampskibsselskap	29
Det Nordlandske Dampskibsselskap	29
Troms Fylkes Dampskibsselskap	30
Finnmarks Fylkesrederi	30
Ofotens og Vesteraalens Dampskibsselskap	31
Hurtigruten ASA	31
Mit Hurtigruten entlang der norwegischen Küste	**32**
Das nördliche Fjordland von Bergen nach Trondheim	37
Trøndelag und die Nordlandküste	45
Lofoten und Vesterålen	55
Tromsø und die Finnmark	67
Die Schiffe der Hurtigruten	**77**
MS Kong Harald	78
MS Lofoten	84
MS Midnatsol	90
MS Nordkapp	96
MS Nordlys	102
MS Nordnorge	108
MS Nordstjernen	114
MS Polarlys	122
MS Richard With	128
MS Trollfjord	134
MS Vesterålen	140

Die Bergkette der »Sieben Schwestern« bei Sandnessjøen ist oft in Wolken gehüllt. Hier präsentieren sich fünf der Schwestern mit Schneemütze.

Einleitung

Die schönste Seereise der Welt – so wirbt die norwegische Reederei für eine Reise auf der Hurtigruten. Das mag recht vollmundig klingen, schließlich gibt es weltweit viele faszinierende Fahrtgebiete für Kreuzfahrtschiffe. Jedoch finden sich andere Attribute, die ohne Zweifel zutreffen: Die Hurtigruten ist weltweit einmalig, denn nirgendwo sonst auf der Welt gibt es einen über 100 Jahre alten, täglichen Liniendienst, dessen Schiffe zwölf Tage unterwegs sind.

RICHARD WITH im Geirangerfjord: Unter den mächtigen Bergen wirken die Schiffe der Hurtigruten verhältnismäßig klein (links).

Im Viertel Bryggen am Bergenser Hafen waren einst die Kaufleute der Hanse zu Hause (unten).

Genau darin unterscheidet sich Hurtigruten von den populären Nordlandkreuzfahrten: Es sind die vielen kleinen und großen Orte, die auf der Route von Bergen in Westnorwegen nach Kirkenes nahe der russischen Grenze und zurück angelaufen werden. 36 Häfen werden auf der nordgehenden Route besucht, 34 sind es auf der südgehenden Fahrt von Kirkenes nach Bergen. Die unterschiedliche Zahl liegt daran, dass der Geirangerfjord als sommerlicher Stopp nur nordgehend besucht wird. Auch Vadsø, der letzte Hafen vor Kirkenes, wird nur einmal pro Tag nordgehend angelaufen. Kein Kreuzfahrtschiff fährt so nah an der Küste entlang, keines besucht so viele Häfen.

Lange war von den Postdampfern der Hurtigruten die Rede. Für viele kleine Orte im hohen Norden waren die Schiffe die einzige Verbindung zur Außenwelt, bevor man in den 1980er-Jahren begann, auch die entlegensten Winkel des Landes mit Brücken und Straßen anzubinden. Obwohl die meiste Post heutzutage per Flugzeug kommt, dürfen die Schiffe der Hurtigruten nach wie vor die norwegische Postflagge führen, da sie Pakete und Postsäcke transportieren. Und das sind dann wohl auch die gravierendsten Unterschiede zu einer Kreuzfahrt: Die Schiffe der Hurtigruten nehmen Fracht mit, die meisten verfügen über ein kleines Autodeck mit rund 50 Stellplätzen und sie fungieren weiterhin als eine Art Fähre für die Bewohner der langen Küsten des Kongeriket Norge. Näher kann man Norwegens Seele kaum kommen.

Der 2. Juli 1893 gilt als Gründungstag der Hurtigruten, als das Fracht- und Passagierschiff VESTERAALEN in Trondheim ablegte und erstmals die Strecke nach Hammerfest in nur dreieinhalb Tagen zurücklegte. Die schnelle Fahrzeit war den exakten Aufzeichnungen von Kapitän Richard With und Anders Holte, einem Lotsen, zu verdanken. Sie hatten die Küstengewässer so exakt kartografiert, dass die Schiffe auch nachts und bei schlechten Sichtverhältnissen sicher fahren konnten.

Hurtigruten bedeutet so viel wie »Die schnelle Route«. Der Name war zunächst nicht einer einzelnen Reederei

Über offenes Meer fahren die Schiffe nur selten. Meist verläuft die Route geschützt zwischen Inseln entlang der Küste.

Bis heute werden in Norwegen viele Häuser aus Holz gebaut. Nicht immer kann man auf den ersten Blick erkennen, ob das Haus alt oder neu ist, wie hier in Florø.

Straßenlokal im Stadtviertel Bryggen: Das Wetter in Bergen ist im Sommer viel besser als sein Ruf (unten).

Kjøllefjord ist ein kleines Dorf östlich des Nordkaps. Hier hat die NORDSTJERNEN am neuen Anleger festgemacht.

Der Landausflug zum Nordkap ist für die meisten Hurtigruten-Gäste unverzichtbar (links unten).

zugeordnet, sondern der Strecke, für deren Betrieb der norwegische Staat Lizenzen an mehrere Reedereien vergab. Erst im März 2006, also 113 Jahre nach Aufnahme des Liniendienstes, haben die beiden letzten verbliebenen Reedereien fusioniert. Seitdem heißt das Unternehmen Hurtigruten – wie seine Strecke.

Elf Schiffe sind im Einsatz zwischen Bergen und Kirkenes. Einige sind nahezu baugleich und unterscheiden sich nur in Details. Hervorzuheben sind die beiden Oldies, die immer noch (oder wieder) zwischen Bergen und

Die KONG HARALD durchquert den Raftsund in Richtung Svolvær. Zuvor wird sie noch einen Abstecher in den kleinen Trollfjord machen (rechts).

Kirkenes eingesetzt werden: die LOFOTEN von 1964 und die NORDSTJERNEN von 1956. Hier lebt ein Stück norwegische Seefahrtstradition weiter, und zwar nicht als Museumsschiff, sondern im harten, täglichen Einsatz.

Als Kulisse für die über 2500 zurückzulegenden Seemeilen pro Törn dient Hurtigruten die dramatische norwegische Küste. Ob an Deck oder im bequemen Sessel im Salon, das Küstenpanorama ist allgegenwärtig. Zwischen Inseln hindurch, an Gletschern vorbei, umrahmt von hohen Bergen verläuft die Reise. Und dann kündet das Schiffshorn wieder von einem Hafen. Manchmal ist es nur eine Viertelstunde, die man zum Füßevertreten nutzen kann, manchmal sind es mehrere Stunden.

Dieses Buch möchte Ihnen nicht nur die Schönheit der norwegischen Küste aus Sicht einer Hurtigrutenreise näher bringen, sondern auch die Schiffe vorstellen, die Komfort und Tagesgeschäft auf eine weltweit einmalige Art und Weise vereinen. Ob eine Fahrt auf Hurtigruten für Sie die »schönste Seereise der Welt« ist, müssen Sie selbst entscheiden. Es ist auf jeden Fall eine weltweit einmalige Art des Reisens entlang einer großartigen Küste.

Die Geschichte der Hurtigruten

Im Jahre 1892 schrieb das norwegische Innenministerium eine Expresslinie entlang der norwegischen Küste aus, da die bestehenden Verbindungen für eilige Passagiere, für verderbliche Frischwaren, insbesondere Fisch, und für die Post zu langsam waren. Bis dahin unterhielten die beiden großen Reedereien Det Nordenfjeldske Dampskibsselskab aus Trondheim und Det Bergenske Dampskibsselskab aus Bergen einen Großteil der Schiffsverbindungen zwischen den Handelsstädten in Westnorwegen und der nordnorwegischen Küste.

Damals gab es keine Straßen in den Norden, der Eisenbahnbau war noch jung und beschränkte sich überwiegend auf kurze Strecken. Die erste Fernstrecke war die Eisenbahnverbindung von Oslo über Røros nach Trondheim, die 1880 eröffnet wurde. Die Nordlandbahn von Oslo bis nach Bodø wurde hingegen erst 1962 fertiggestellt. Für die nördlichen Landesteile war der Seeweg die einzige mehr oder weniger zuverlässige Verbindung – und das bis weit ins Zeitalter des Flugverkehrs hinein. Schließlich sind es von Bodø, das knapp nördlich des Polarkreises liegt, bis nach Kirkenes noch einmal mehr als 1200 Kilometer. Die Ost-West-Ausdehnung Norwegens wird häufig unterschätzt: Von Narvik bis nach Kirkenes ist es weiter als von Flensburg nach Passau.

In der Schifffahrt war der Umbruch von Segel- zu Dampfschiffen weitgehend vollzogen, aber weder die Navigationsausrüstung der Schiffe noch die Befeuerung der Wasserstraßen hatten mit der technischen Entwicklung Schritt gehalten. Nördlich von Trondheim gab es 1891 insgesamt nur 28 Leuchtfeuer, und so fuhren die Passagier- und Frachtschiffe nur bei Tag und lagen über Nacht sowie bei schlechtem Wetter im Hafen – ein Grund für die seinerzeit langen Fahrzeiten.

Auf den Vesterålen und den Lofoten lebte die Bevölkerung vom Fischfang und war von schnellen Transportwegen abhängig. 1881 gründete Kapitän Richard With

Die FINNMARKEN von 1956 liegt an Land in Stokmarknes und dient nur noch als Museumsschiff (rechts oben).

Die Buchstaben FFR stehen für Finnmarks Fylkesrederi. Die Reederei des nördlichsten Regierungsbezirks setzte von 1988 bis 1996 die LOFOTEN auf Hurtigruten ein (rechts). Zu ihrem 50. Geburtstag kam die NORDSTJERNEN 2006 nach Hamburg (folgende Doppelseite).

Die NORDSTJERNEN wurde in Hamburg bei Blohm & Voss als erstes von drei Schwesterschiffen gebaut. Sie trug die Baunummer 787, FINNMARKEN und RAGNVALD JARL folgten als Baunummern 788 und 789 (linke Seite).

zusammen mit Kaufleuten von der Inselgruppe die Vesteraalens Dampskibsselskab und begann ein Jahr später mit Fahrten von der Insel Senja unweit von Tromsø über die Vesterålen und Lofoten nach Bergen. With und der Lotse Anders Holte zeichneten dabei den Kurs penibel auf, hielten jede Kursänderung fest und suchten windgeschützte Passagen hinter Inseln. Gemeinsam optimierten sie den Kurs und dokumentierten ihn derart akribisch, dass sie die Route auch nachts fahren konnten, obwohl Seezeichen und Leuchttürme weitgehend fehlten. Schon bald legte das einzige Schiff der jungen Reederei die Strecke vom Norden nach Bergen entlang der norwegischen Küste am schnellsten zurück.

Auf die Ausschreibung von 1892 bewarb sich nur die Vesteraalens Dampskibsselskab, sodass Richard With und seine Partner den Zuschlag der norwegischen Regierung erhielten. With wollte die Strecke von Trondheim nach Svolvær auf den Lofoten in nur 34 Stunden zurücklegen und schlug zudem eine ganzjährige Verbindung vor. Auch wenn die Regierung skeptisch war, so erhielt With doch einen dreijährigen Vertrag mitsamt stattlichen Zuschüssen zum Betrieb der Expresslinie, der Hurtigruten.

Am 2. Juli 1893, einem Sonntag, legte das kombinierte Fracht- und Passagierschiff VESTERAALEN morgens um 8.00 Uhr in Trondheim ab. Bereits am Mittwoch um 3.30 Uhr erreichte das Schiff Hammerfest. Die ganze Stadt soll auf den Beinen gewesen sein, doch ließ With bereits wieder um 7.30 Uhr ablegen. Seitdem gilt der 2. Juli 1893 als Geburtstag der Hurtigruten.

In den ersten Jahrzehnten hat sich die Streckenführung mehrfach geändert: Einige Schiffe fuhren ab Trondheim, andere ab Bergen. Da Withs kleine Reederei nicht genügend Schiffe stellen konnte, gab es ähnliche Verträge mit den großen Reedereien Bergenske und Nordenfjeldske. 1907 wurde ein Vertrag für die Verbindung von Bergen bis Vadsø vergeben, ab dem 1. Oktober 1908 wurde dann auch Kirkenes angelaufen. Damit war der bis heute gültige Streckenverlauf gefunden, wenn auch zunächst nur für zwei Abfahrten pro Woche.

Änderungen hat es seitdem nur wenige gegeben: Ein paar Häfen kamen hinzu, der eine oder andere Hafen fiel wieder weg. Immer wieder wurde diskutiert, ob der südliche Wendepunkt Bergen oder Trondheim sein solle. Mit dem Bau der Eisenbahnlinie zwischen Oslo und Bergen, die 1909 eingeweiht wurde, war zunächst eine Entscheidung zugunsten von Bergen gefallen. Im Zuge der Finanzprobleme der vergangenen Jahre ist aber auch die Verkürzung der Route wieder ins Gespräch gekommen.

Zu den Häfen, die weggefallen sind, gehört Gamvik, das von 1911 bis 1990 der nördlichste Hafen der Hurtigruten war. Heute ist das Mehamn, der Hauptort der Kommune Gamvik. Statt Berlevåg wurde bis 1975 Kongsfjord in der Finnmark angelaufen. Erst als Berlevåg einen neuen, mit riesigen Tetrapoden gesicherten Hafen bekam, konnte es ganzjährig angelaufen werden. Auch Narvik stand lange in den Fahrplänen, nämlich von 1936 bis 1953. Zwischen den beiden Weltkriegen fuhren einzelne Schiffe weiter als Bergen in den Süden, denn auch Haugesund und Stavanger waren vorübergehend Hurtigrutenhäfen.

Aber seit Ende des Zweiten Weltkriegs hat es nur noch wenig Veränderungen gegeben. Ein neuer Hafen ist der zunehmenden touristischen Bedeutung der Hurtigruten geschuldet: Seit April 2000 machen die Hurtigrutenschiffe von Ålesund kommend einen Abstecher in den Geirangerfjord, allerdings nur während der Sommermonate und nur auf der nordgehenden Route.

Auch 1956 wurden im Schiffbau bereits Sektionen vorproduziert. Gut zu erkennen sind der Tunnel für die Antriebswelle und die Ruderanlage.

Die Nordstjernen war bei ihrer Indienststellung das eleganteste Hurtigrutenschiff. Die ausgewählte Inneneinrichtung, anspruchsvoll und stilsicher, galt seinerzeit als vorbildlich. Einen prägenden Beitrag dazu bildeten die Gemälde und Mosaike des norwegischen Malers Paul René Gauguin (1911–1976), ein Enkel Paul Gauguins, die dem Schiff einen ganz eigenen Charakter verliehen.

Die Flotte der Hurtigrutenschiffe war lange nicht homogen. Das lag zum einen daran, dass stets mehrere Reedereien die Strecke zwischen Bergen und Kirkenes betrieben haben. Andererseits führten die beiden Weltkriege zu so schweren Verlusten, dass es nach Kriegsende erstmals zu einem gemeinschaftlichen Neubauprogramm kam. Pläne dafür hatte es bereits vor dem Krieg gegeben, sie konnten aufgrund der deutschen Besatzung jedoch nicht mehr umgesetzt werden.

Die Flotte war durch die Kriegsverluste so ausgedünnt, dass u.a. das Dampfschiff DRONNINGEN von 1894 ein Comeback im Liniendienst hatte; ebenso die KONG HARALD von 1890, die bis 1950 auf der Hurtigruten im Einsatz war. Nur vier jüngere Schiffe überlebten den Zweiten Weltkrieg, darunter die SIGURD JARL von 1942, die RAGNVALD JARL von 1930, die NORDSTJERNEN von 1937 und die LOFOTEN von 1932. Doch damit ließ sich kein Liniendienst mit täglichen Abfahrten aufrechterhalten.

1949 und 1950 wurden die ersten vier Schiffe der italienischen Werft Cantieri Navale Riuniti in Ancona in Dienst gestellt: ERLING JARL für die Reederei Nordenfjeldske, MIDNATSOL für Bergenske, VESTERAALEN für VDS und SANCT SVITHUN für Stavangerske, die zu dieser Zeit auch zum Verbund der Hurtigrutenreedereien gehörte. 1951 und 1952 folgten die in Ålborg, Dänemark, gebauten Schiffe POLARLYS und NORDLYS (Bergenske) sowie HÅKON JARL (Nordenfjeldske). Mitte der 1950er-Jahre wurde ein weiterer Bauauftrag an die Hamburger Werft Blohm & Voss vergeben, die 1956 drei Schiffe ablieferte: RAGNVALD JARL (Nordenfjeldske), FINNMARKEN (VDS) und NORDSTJERNEN (Bergenske). Damit war erstmals in der Geschichte der Hurtigruten eine Flotte nahezu baugleicher Schiffe im Einsatz, sieht man einmal von der SIGURD JARL von 1942 ab, die noch bis 1960 auf der Strecke eingesetzt war.

Die 1950er- und früher 1960er-Jahre waren ein goldenes Zeitalter für Hurtigruten. Die Mobilität nahm zu, sodass jährlich über 500 000 Passagiere auf Hurtigruten unterwegs waren. Die Schiffe waren die wichtigste Nord-Süd-Verbindung Norwegens, nicht ohne Grund

Die NORDSTJERNEN verlässt auf ihrer südgehenden Route abends gegen 22.30 Uhr den Hafen von Berlevåg. Die mit Tetraedern gespickte Mole soll im Winter den kleinen Hafen schützen.

Das Schiff ist älter als die Brücke von Stokmarknes: Die NORDSTJERNEN gehört weltweit zu den ältesten Passagierschiffen, die noch im Liniendienst unterwegs sind.

erhielt Hurtigruten den Beinamen »Reichsstraße Nummer 1«. Bis heute sind zwei Schiffe aus dieser Zeit noch im Dienst, die LOFOTEN von 1964 und die NORDSTJERNEN von 1956.

Die LOFOTEN ist eines von vier Schiffen, die zwischen 1960 und 1964 neu zur Flotte stießen: HARALD JARL (Nordenfjeldske), LOFOTEN (VDS), KONG OLAV (Stavangerske) und NORDNORGE (Ofotens Dampskibsselskap). Damit war das Neubauprogramm abgeschlossen und die Flotte blieb für die nächsten 18 Jahre unverändert. Endlich fuhren auf der Hurtigruten nur noch Schiffe, die sich in Frachtkapazität, Passagieranzahl und Geschwindigkeit so ähnlich waren, dass neue, schnellere Fahrpläne aufgestellt werden konnten.

Veränderungen gab es hingegen in der Eignerstruktur und beim Verkehrsaufkommen: Ab 1962 sanken die Passagierzahlen, zunächst langsam, dann immer stärker. Die 1962 eröffnete Bahnstrecke zwischen Bodø und Trondheim machte die Reise schneller. Mitte der 1970er-Jahre musste der norwegische Staat daher bereits enorme Defizite bei Hurtigruten ausgleichen. Angesichts der allgemeinen Automobilisierung in Kontinentaleuropa setzte auch die norwegische Regierung in der Verkehrspolitik zunehmend auf den Straßenbau und lokale Fährverbindungen.

Mitten in diese wirtschaftlich kritische Phase platzte 1979 der Ausstieg der Bergenske Dampskibsselskap, nachdem die Reederei 85 Jahre mit ihren Schiffen auf Hurtigruten im Einsatz war. Sie verkauften an Troms Fylkes Dampskibsselskap, eine Reederei, die zwar schon 1866 gegründet worden war, aber noch nie etwas mit Hurtigruten zu tun hatte. Daraufhin wurden intensive Diskussionen über die zukünftige Form des Liniendienstes geführt: Während die verbliebenen Reedereien auf den Tourismus setzen wollten, bevorzugte die Regierung eine Reduzierung der Kapazitäten und die Konzentration auf das Frachtgeschäft. Heraus kam ein Kompromiss: Die Neubauten MIDNATSOL (TFDS) 1982 und NARVIK (ODS) 1982 sowie VESTERÅLEN (VDS) 1983 haben erstmals seitliche Ladeluken und ein über einen Aufzug zu erreichendes Auto- und Frachtdeck, aber nur wenige Kabinen. Gespart wurde auch an der Anzahl der Schiffe: Durch die Verkürzung der Liegezeit der Schiffe in Bergen nach einer Rundreise von eineinhalb Tagen auf acht Stunden konnte ein Schiff wegfallen. Die drei Neubauten

waren mit nur 190 Betten schnell zu klein, bereits fünf Jahre nach der Indienststellung wurden die Schiffe in Bremerhaven umgebaut, um zukünftig 320 Kojen für Passagiere bereitzustellen. Was folgte, war die bis heute aktuelle Schiffbaureihe, die 1993 begonnen wurde und die in den folgenden Kapiteln vorgestellt wird. Sie ist ein Wendepunkt in der Geschichte der Hurtigruten, da man mit diesen Schiffen bewusst auf Touristen als Gäste an Bord setzte, ohne den klassischen Charakter als lokale Fährverbindung zu opfern.

Leider haben diese Schiffe die wirtschaftlichen Probleme der Hurtigruten nicht lösen können. 2008 und 2009 konnte der finanzielle Kollaps nur mit Mühe abgewendet

werden. Hurtigruten ASA verkaufte zunächst seine Beteiligungen an lokalen Fährlinien, Reisebüros und Hotels, um sich wieder auf das Kerngeschäft zu konzentrieren. Im Februar 2009 akzeptierten die Banken den Restrukturierungsplan. Zur Konsolidierung des Unternehmens zählt auch, dass mit der FINNMARKEN eines der drei Flaggschiffe der Reederei nach Australien verchartert wurde. Expressfähren in Nordnorwegen wurden im Dezember 2009 verkauft. Obwohl 2009 aufgrund der Finanzkrise auch für die Tourismusindustrie ein schwieriges Jahr war, konnte Hurtigruten ASA die Verluste stark minimieren.

2010 wurde die Verbindung von Bergen nach Kirkenes und zurück erstmals international ausgeschrieben. Der neue Vertrag soll ab Januar 2013 für acht Jahre gültig sein. Das weltweit agierende Unternehmen Veolia, das auch in Norwegen im Transportwesen tätig ist, hatte Interesse signalisiert, schließlich aber doch kein Angebot

Die LOFOTEN ist zwar acht Jahre jünger als die NORDSTJERNEN, mit Baujahr 1964 ebenfalls ein Klassiker auf der Route zwischen Bergen und Kirkenes. Sie wurde in Oslo bei Aker Mekaniske Verksted gebaut, einer Werft, die es längst nicht mehr gibt.

Macht seit über 50 Jahren eine tolle Figur: Liebhaber klassischer Schiffslinien haben ihre Freude an der NORDSTJERNEN (oben).

Die Baupläne wurden der Werft durch die Reedereien weitgehend vorgegeben. Für die NORDSTJERNEN zeichnete Det Bergenske Dampskibsselskab verantwortlich (unten).

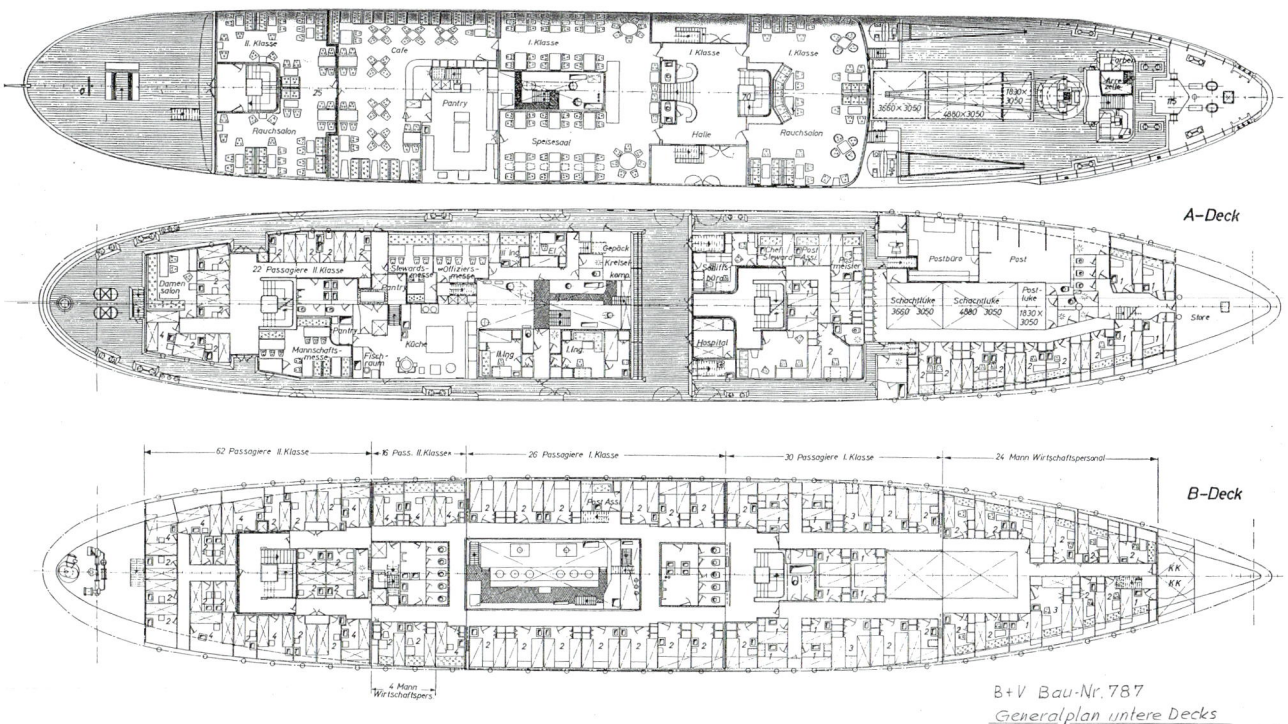

eingereicht, da passende Schiffe fehlten. So verblieb als einziger Interessent die Reederei Hurtigruten ASA, die aus der Fusion der letzten beiden verbliebenen Reedereien TFDS und OVDS hervorgegangen ist. Die norwegische Regierung hat drei Alternativen zur Ausschreibung gebracht: ganzjährig tägliche Abfahrten, tägliche Abfahrten im Sommer kombiniert mit fünf Abfahrten pro Woche im Winter oder ganzjährig fünf Abfahrten pro Woche. Die gute Nachricht: Die Zahl der Häfen soll bei 34 bleiben, eine Verkürzung steht genauso wenig zur Debatte wie Verträge nur für Teilstrecken, wie es sie in der Frühzeit der Hurtigruten gab und sie vereinzelt in den Regionen gefordert wurden. Für alle Liebhaber der Hurtigruten sind dies gute Nachrichten. Während diese Zeilen geschrieben werden, ist noch keine Entscheidung über den zukünftigen staatlichen Beitrag gefallen, da der Regierung der geforderte Zuschuss zu hoch ist. Aber noch ist ja Zeit für eine Einigung. Gleichzeitig wird die Ausschreibung aufgrund von Klagen von Mitbewerbern auf europäischer Ebene geprüft. Die dunklen Wolken über Hurtigruten haben sich also noch nicht ganz verzogen.

Zwischen den Kreuzfahrtschiffen NORWEGIAN JADE und ASTOR wirkt die LOFOTEN im Geirangerfjord wie ein Spielzeugschiff (unten).

Die NORDKAPP auf dem Weg in den engen Geirangerfjord mit seinen steil aufragenden Wänden. Diesen Abstecher machen die Hurtigrutenschiffe nur zwischen April und Oktober (rechte Seite).

Die Reedereien der Hurtigruten

Der rot-weiß-rote Ring am Schornstein zeigt die Zugehörigkeit zu Troms Fylkes Dampskibsselskap an.

Hurtigruten, die »schnelle Route« entlang der norwegischen Küste, wurde mehr als 100 Jahre lang von verschiedenen Reedereien gemeinsam betrieben. Anfangs erhielt jede Reederei einzeln eine Konzession des norwegischen Staates, der Zuschüsse für das Aufrechterhalten einer Verkehrsinfrastruktur zahlte. Heute ist Hurtigruten eines der bedeutendsten touristischen Unternehmen Norwegens. Hunderte von kleinen Zulieferern entlang der Küste leben von dem Liniendienst, und die Häfen profitieren in erheblichem Maße von den Hafenabgaben, die bei täglich zwei Anläufen die kommunalen Kassen füllen.

Hurtigruten ist an der norwegischen Küste ein Politikum, vor allem in Nordnorwegen. Und das war sie von Beginn an: Richard With und seine Partner auf den Lofoten und Vesterålen setzten sich nicht nur für eine schnellere Anbindung Nordnorwegens an die Handelszentren im Süden ein, sie traten auch gegen die Vormachtstellung der großen Reedereien aus Bergen und Trondheim an. Im Folgenden werden die Reedereien vorgestellt, die seit 1893 an Hurtigruten beteiligt waren.

Vesteraalens Dampskibsselskab,
Stokmarknes (VDS), 1893 bis 1987

Diese Reederei wurde 1881 von Kapitän Richard With, dem Kaufmann William Hals, dem Bezirksarzt Jakob Georg Thode sowie dem Anwalt Ludvig Lumholtz gegründet. Viele Kaufleute auf den Vesterålen hatten Aktien der Reederei gekauft, von der sie sich die Wahrnehmung der eigenen, regionalen Interessen versprachen. Bereits das erste Schiff der Reederei, das 1882 gebraucht gekauft wurde, erhielt den Namen Vesteraalen, in der damals noch üblichen Schreibweise mit zwei »a«. Bis heute gibt es ein Schiff dieses Namens in der Flotte.

Betrachtet man die große Zeit der Hurtigruten von Mitte der 1950er- bis Anfang der 1970er-Jahre, so besaß VDS gleichzeitig nie mehr als drei Hurtigrutenschiffe in der Flotte, die insgesamt 13 Schiffe umfasste. VDS blieb immer der Juniorpartner aus dem schwächer gestellten Norden – jedenfalls im Vergleich zu den finanzkräftigen Reedereien aus Bergen und Trondheim. Die VDS-Aktien wurden Stück für Stück von Ofotens Dampskibsselskap aus Narvik aufgekauft; beide Reedereien verschmolzen zum Jahreswechsel 1987/1988 zur OVDS.

Die Lofoten in rauer See zwischen Trondheim und Rørvik.

Det Bergenske Dampskibsselskab,
Bergen (BDS), 1894 bis 1979

Der zweite Vertrag für eine schnelle Verbindung nach Norden ging an die 1851 gegründete Bergenser Reederei, die bereits Frachtschiffe entlang der norwegischen Küste im Einsatz hatte. Begonnen hatte die Reederei mit einer Direktverbindung zwischen Bergen und Hamburg, aus der in den 1880er-Jahren die sogenannte Stammroute wurde, die von Hamburg bis nach Vadsø führte. Auch diese war übrigens eine vom norwegischen Staat subventionierte Poststrecke.

Bergenske war nach dem Zweiten Weltkrieg mit einer Flotte von bis zu 40 Schiffen und 2500 Mitarbeitern eine der größten Reedereien Norwegens. Darüber hinaus zählte die Reederei zu den ersten, die neben der Schifffahrt auch auf die Offshore-Technik setzte. Als die Reederei in den 1970er-Jahren frisches Kapital benötigte, trennte man sich kurzerhand von den vier Hurtigrutenschiffen, die 1979 überraschend an die Troms Fylkes Dampskibsselskap verkauft wurden. Mit Hurtigruten hatte Bergenske nach 85 Jahren im Liniendienst nun nichts mehr zu tun.

Nebenbei angemerkt: Bergenske, seit 1921 auch im Kreuzfahrtgeschäft tätig, gründete zusammen mit Nordenfjeldske aus Trondheim die Kreuzfahrtreederei Royal Viking Line. 1984 wurde das Ende von Bergenske mit dem Verkauf an den norwegischen Kosmos-Konzern besiegelt, der auch der Besitzer der Jahre Line war. Royal Viking Line fiel an den norwegischen Besitzer der Norwegian Cruise Line, Knut Kloster. Bergenske betrieb zunächst die traditionsreiche Fährroute von Bergen nach Newcastle weiter, die auch für die Hurtigruten lange als eine Art Verlängerung nach Großbritannien fungierte. 1988 wurde Det Bergenske Dampskibsselskab endgültig zerschlagen, die schwarzen Schornsteine mit den drei schmalen weißen Ringen verschwanden.

Die Namen der Schiffe aus Bergen bezogen sich häufig auf Sterne oder Himmelsphänomene. Typische Namen von BDS-Schiffen sind Sirius, Jupiter und Orion, aber auch Midnatsol (Mitternachtssonne), Polarlys (Polarlicht) und Nordlys (Nordlicht). Auch wenn es die Reederei nicht mehr gibt, so haben doch einige dieser Schiffsnamen überlebt. Ein ehemaliges BDS-Schiff ist sogar noch im Linienverkehr unterwegs: So verrichtet die Nordstjernen (Nordstern) von 1956 immer noch ihren Dienst zwischen Bergen und Kirkenes.

Det Nordenfjeldske Dampskibsselskap,
Trondheim (NFDS), 1894 bis 1985

Auch die Trondheimer Reederei kann noch zu den Gründungsmitgliedern der Hurtigruten gerechnet werden, erhielt sie doch bereits ein Jahr nach Einrichtung der Verbindung gemeinsam mit den Bergenser Kollegen den Zuschlag für den zweiten Staatsvertrag. Mit BDS verband die Trondheimer eine Art Hassliebe: Schon früh teilte man sich Frachtverkehre wie die Route nach Hamburg und Verbindungen an der norwegischen Küste, später auch Fährverkehre wie die Strecke nach Newcastle.

Nordenfjeldske war immer eine der großen, bedeutenden Reedereien der Hurtigruten, die viele Schiffe stellte. Zahlreiche NFDS-Schiffe hießen nach Königen und Herzögen, darunter Schiffe wie KONG HARALD (1890), KONG HAAKON (1904) oder PRINSESSE RAGNHILD (1931). Dabei hat sicher eine Rolle gespielt, dass der Nidaros-Dom in Trondheim die Krönungskirche zahlreicher norwegischer Könige war. Berühmtheit erlangten einige Nachkriegsschiffe der NFDS, etwa die HÅKON JARL (1952), RAGNVALD JARL (1960), HARALD JARL (1960) und erneut KONG OLAV (1960).

Diese Traditionsnamen sind bis auf die aktuelle KONG HARALD (1993) zusammen mit der Reederei verschwunden. Sie wurde 1985 durch Börsenspekulationen völlig überraschend zerschlagen – bis heute ein heißes Eisen in Trondheimer Schifffahrtskreisen. Als 2005 das Verwaltungsgebäude der NFDS verkauft wurde – es war seit 1872 Sitz der Reederei – musste Platz für Hinterlassenschaften gefunden werden, darunter historische Schiffsmodelle und der Vorstandstisch, an dem über 50 Jahre lang alle Entscheidungen getroffen worden waren. Nordenfjeldske gibt es noch, aber nur noch als eine Holding, nicht mehr als Reederei. Die letzten beiden Schiffe wurden an TFDS verkauft.

Det Stavangerske Dampskibsselskap,
Stavanger (DSD), 1919 bis 1978

Trotz der langen Zugehörigkeit zur Hurtigruten hat Stavangerske nie eine tragende Rolle gespielt. Das wundert nicht, denn die Verlängerung der Route von Bergen nach Stavanger betraf ja immer nur einzelne Abfahrten und war auch nicht von Dauer. Das letzte Schiff der 1855 gegründeten Reederei war die KONG OLAV von 1964, die als Nachfolger der unglücklichen SANCT SVITHUN von 1950 in Dienst gestellt wurde.

Die SANCT SVITHUN sank 1962 nach einem Navigationsfehler zwischen Trondheim und Rørvik; dabei kamen 42 Menschen ums Leben. Es sollte das letzte größere Unglück sein, das ein Hurtigrutenschiff ereilte. 1978 schied Stavangerske aus dem Hurtigrutenverbund aus, die KONG OLAV wurde von VDS in Stokmarknes übernommen.

Die LOFOTEN gehörte in ihrem Schiffsleben vier verschiedenen Hurtigruten-Reedereien.

Ofotens Dampskibsselskap,
Narvik (ODS), 1936 bis 1988

Die 1912 gegründete Reederei aus Narvik war zwar lange ein Teil der Hurtigruten, erlangte jedoch nie die Bedeutung der drei Gründungsmitglieder. Sie trat Hurtigruten 1936 bei, als Narvik einmal wöchentlich angelaufen wurde. An Schiffen stellte ODS insgesamt nur sieben, von denen lediglich zwei im eigenen Auftrag für Hurtigruten gebaut wurden.

Mit der ersten NORDNORGE von 1924, die 1936 bis 1940 auf Hurtigruten eingesetzt wurde, stellt sie aber einen der alten, bis heute benutzten Schiffsnamen. Die NORDNORGE von 1964 war der erste Neubau der Reederei für Hurtigruten, es folgte die von NFDS übernommene HÅKON JARL und die 1982 gebaute NARVIK. ODS kaufte 1987 die letzten Aktien von VDS auf, das so fusionierte Unternehmen wurde ab 1988 als OVDS weitergeführt.

Det Nordlandske Dampskibsselskap,
Bodø (NDS), 1945 bis 1958

Die Reederei aus Bodø eröffnete 1929 eine eigene Linie von Bodø nach Hamburg und geriet so in Konflikt mit Bergenske und Nordenfjeldske. In den schwierigen Jahren nach dem Zweiten Weltkrieg, wo jedes Schiff gebraucht wurde, ließen die Großen die kleine Reederei aus Bodø mitmachen. Da NDS bei keiner der Baureihen 1949/1950 (Ancona), 1951/1952 (Ålborg) und 1956 (Hamburg) ein neues Schiff bestellte, musste die Reederei 1958 ausscheiden.

NORDNORGE ist ein Traditionsname: 1924 stellte ODS das erste Schiff dieses Namens in Dienst.

Troms Fylkes Dampskibsselskap,
Tromsø (TFDS), 1979 bis 2006

Die bis dahin kleine Reederei aus Tromsø machte 1979 von sich reden, als sie in einem Überraschungscoup die vier Schiffe von Bergenske übernahm und damit auf einen Schlag zu einem wichtigen Teil der Hurtigruten wurde. Am Neubauprogramm 1982/1983 beteiligte sie sich mit einem Schiff, das den alten Bergenser Namen MIDNATSOL weiterführte. An den Neubauten der 1990er-Jahre war TFDS maßgeblich beteiligt: Mit fünf Schiffen steuerte die Reederei aus Tromsø mehr als die Hälfte der neuen Schiffe bei.

Finnmarks Fylkesrederi,
Hammerfest (FFR), 1988 bis 1996

Auch die Regionalreederei aus der nördlichsten Provinz Finnmark gab nur ein kurzes Gastspiel bei Hurtigruten. Aus regionalpolitischen Gründen wollte man beteiligt sein und kaufte die LOFOTEN von 1964. 1996 wurde das Engagement beendet, da Geld für die Finanzierung eines Neubaus fehlte. Die LOFOTEN wurde an OVDS zurückverkauft.

Die KONG OLAV wurde 1964 für Stavangerske gebaut und war bis 1997 entlang der norwegischen Küste unterwegs.

Ofotens og Vesteraalens Dampskibsselskap,
Narvik (OVDS), 1988 bis 2006

Durch den Aufkauf des Gründungsmitglieds VDS stieg die Narviker Reederei zum zweiten großen Teilhaber der Hurtigruten auf. Am Neubauprogramm der 1990er-Jahre beteiligte sich OVDS mit vier Schiffen. Bis heute ist Narvik eine der beiden Zentralen der Hurtigruten, was unter den Traditionalisten in Trondheim noch immer kritisch gesehen wird.

Hurtigruten ASA,
Tromsø und Narvik, seit 2006

Die letzten beiden verbliebenen Reedereien TFDS und OVDS fusionierten 2006 im zweiten Anlauf zu einer gemeinsamen Reederei, die seitdem Hurtigruten betreibt – zum ersten Mal in der Geschichte der Hurtigruten ist nur eine Reederei für den Betrieb der Linie verantwortlich. Auffällig ist die Nordverschiebung der Verantwortlichkeiten. Eigentlich hatte Hurtigruten für die nördlichen Landesteile schon immer eine sehr große Bedeutung, sodass jeweils ein Stammsitz in Tromsø wie in Narvik nur folgerichtig ist, denn in Trondheim und Bergen hatte man einst doch eher auf die große weite Welt geschaut und den Norden nur als kleinen Zulieferer gesehen.

Die TROLLFJORD von 2002 ähnelt eher einem modernen Kreuzfahrtschiff als einem klassischen Postdampfer.

Mit Hurtigruten entlang der norwegischen Küste

Vielfalt der norwegischen Küste: Jugendstil-Häuser in Ålesund (oben) und raue Felsformationen an der Nordland-Küste bei Ørnes (links).

Norwegens Küste ist spektakulär: Steil ragen die Berge aus dem Meer, mal als runde Granitkuppen, mal als gezackte Bergwände. Dazwischen Inseln, kleine Orte und Städte, mal verschlafen wie Nesna, mal so lebhaft wie Bergen und Tromsø. Gletscher reichen bis an das Meer, Seeadler sind regelmäßig zu sehen. Es ist diese unvergleichliche Mischung aus großartiger Natur, zahlreichen Häfen und stoisch seinen Kurs einhaltendem Schiff, die eine Fahrt mit Hurtigruten zu einer außergewöhnlichen Seereise macht.

Die klaren blauen Sommerabende, in denen es nicht vollständig dunkel wird, gehören zu den faszinierenden Naturphänomenen einer Reise mit Hurtigruten.

Seit den 1880er-Jahren hat die Streckenführung der Hurtigruten nur wenige Veränderungen erfahren, sieht man einmal von den bereits genannten unterschiedlichen Anfangs- und Endhäfen der frühen Jahre ab. Der Lotse Anders Holte und Kapitän Richard With haben seinerzeit bei der Kartografierung ganze Arbeit geleistet: Sie fanden eine Route, die so oft wie möglich geschützt hinter Inseln verläuft. Bis heute nutzen die Schiffe der Hurtigruten in weiten Teilen die Streckenführung von With und Holte.

An einer der wenigen großen Änderungen war With als Abgeordneter des norwegischen Parlaments noch persönlich beteiligt. Da die Fahrrinne vor Risøyhamn auf den Vesterålen zu schmal für die Hurtigrutenschiffe war, fuhren diese ursprünglich von den Lofoten über Lødingen durch den schmalen Tjeldsund nach Harstad, ohne die Vesterålen zu besuchen. Die fischreichen Inseln waren damit gegenüber den Lofoten im Nachteil, was Fracht- und Passagierverkehr anging. With und seine Partner auf den Vesterålen hatten daher ein vitales wirtschaftliches Interesse daran, die Risøyrinne baggern und für größere Schiffe erweitern zu lassen.

1911 entschied das Parlament endlich, das Fahrwasser vor Risøyhamn auf einer Länge von drei Seemeilen zu vertiefen und zu verbreitern. Das harte Gestein gestaltete die Arbeiten schwierig, der Erste Weltkrieg verzögerte das Vorhaben zudem. Erst 1922 erfolgte die feierliche Eröffnung im Beisein von König Håkon und Richard With. Zunächst liefen nur zwei Schiffe wöchentlich die Häfen Melbu, Stokmarknes, Sortland und Risøyhamn an, heute ist dies die feste Route, wobei Melbu als Hafen schon längst weggefallen ist.

Der Ausbau der Risøyrinne hatte übrigens zur Folge, dass die Schiffe zwischen Stokmarknes und Svolvær seitdem durch den engen, spektakulären Raftsund fahren und von dort einen kleinen Abstecher in den Trollfjord machen. Bis heute profitieren Touristen von Withs weitsichtigem Engagement – falls man denn überhaupt einen einzelnen Streckenabschnitt hervorheben kann.

Bis weit in den Frühsommer hinein sind die Berge mit Schnee bedeckt, mal als dicke Mütze, mal wie mit Puderzucker bestreut.

Der Nidarosdom in Trondheim zählt zu den meistbesuchten Attraktionen entlang der Küste (rechts).

Das nördliche Fjordland von Bergen nach Trondheim

Für Reisende aus dem Ausland beginnt Hurtigruten in Bergen, für Nordnorweger ist Bergen nur der südliche Wendepunkt ihrer Linie. Bergen, die weltoffene Stadt, Großbritannien, Dänemark, den Niederlanden und Deutschland zugewandt, verstand (und versteht?) Nordnorwegen nur als Zulieferer, als Hinterland, als eine manchmal unbequeme Verlängerung des Landes nach Norden. Der norwegische Regionalismus ist sehr stark ausgeprägt, wie auch an der Geschichte der Hurtigrutenreedereien unschwer zu erkennen ist.

Bergen war immer eine Stadt der Seefahrer. Davon künden die Figuren des Denkmals auf dem Platz Torgallmenningen (rechts) ebenso wie das Hanseviertel am Hafen (unten).

Der sommerliche Besuch im Geirangerfjord gehört nicht zum ursprünglichen Streckenverlauf von Hurtigruten, ist aber bei Touristen ausgesprochen beliebt (rechts).

Der Wasserfall »Die sieben Schwestern« besticht mit seinen Wasserschleiern. Im Frühjahr und frühen Sommer ist er aufgrund der Schneeschmelze am schönsten (linke Seite).

Ein eigenes Boot ist für die viele Bewohner von »Kystnorge« (Küsten-Norwegen) wichtiger als das Auto – das man aber auch hat (unten).

Vom Ålesund-Hausberg Aksla hat man eine wunderbare Rundumsicht (großes Bild). Die Stadt am Sund ist vom Fischfang geprägt, auch wenn die Speicher heute anders genutzt werden (rechts).

Für internationale Besucher ist der Ausgangshafen Bergen hingegen ein Glücksfall. Man kann von Oslo aus per Bahn anreisen, was bei einer Passhöhe von 1444 Metern schon ein eigenes Erlebnis ist. Bergen hat gute internationale Flugverbindungen und wird von Dänemark aus von der Reederei Fjord Line angelaufen, die übrigens zeitweise zu TFDS gehörte. Die Stadt Bergen ist attraktiv und bietet ein sehenswertes einstiges Hanseviertel mit schmalen Gängen und Höfen direkt am Hafen. Die Standseilbahn auf den Hausberg Fløyen verschafft einen tollen Blick über die vorgelagerten Inseln hinaus. Am besten plant man vor oder nach der Hurtigrutenrundreise noch ein, zwei Nächte in Bergen ein.

Moderne, mit Gas betriebene Fähren verbinden die beiden Ufer des Romsdalsfjord bei Molde.

Wer besonders die Fjorde Westnorwegens sehen möchte, wird auf der Reise nicht ganz auf seine Kosten kommen. Da das Schiff abends in Bergen ablegt, werden Florø und Måløy schon nachts angelaufen, Torvik ist zum Frühstück erreicht. Das Schiff bleibt unter der Küste und fährt nicht ins Inland, wo die Fjorde sich spektakulär tief in die Bergwelt einschneiden. Deshalb wurde die Liegezeit in Ålesund im Sommer auf der nordgehenden Route verkürzt, sodass die Hurtigrutenschiffe durch den Storfjord in den Geirangerfjord fahren können. Vor allem der enge, steile Geirangerfjord lockt die Gäste bei jedem Wetter an Deck. Da es keinen Anleger gibt, werden die Gäste, die einen Landausflug gebucht haben, mit einem geräumigen Rettungsboot an Land gebracht.

Die Jugendstilstadt Ålesund hat durch diesen »neumodischen« Abstecher seit dem Sommer 2000 Gäste verloren, denn auf der südgehenden Route wird die Stadt um Mitternacht angelaufen – nicht gerade der ideale Zeitpunkt für einen Stadtrundgang. Wer sich Ålesund anschauen will, kann aber nordgehend morgens aussteigen und abends, wenn das Schiff aus dem Geirangerfjord zurückkommt, wieder einsteigen, verpasst dann aber die Passage durch die Fjorde.

Molde nennt sich »Rosenstadt«, wovon man sich im Sommer auf einem kurzen Spaziergang während der Liegezeit überzeugen kann. Der breite Romsdalsfjord sorgt vor allem auf der südgehenden Route oft für ein

Aufatmen, denn das Hustadvika genannte Gewässer zwischen Kristiansund und Molde gilt als das unruhigste der gesamten Reise. Aufgrund der geringen Wassertiefen entstehen hier bereits bei normalen Windverhältnissen spürbar unangenehme Wellen.

Auch die zweite weniger angenehme Passage liegt in dieser Region: Zwischen Måløy und Ålesund führt der Kurs westlich um das Westkap der Halbinsel Stadlandet, deren steile Ufer die Wellen unangenehm reflektieren. Die meisten Passagiere merken davon nichts, in beide Fahrtrichtungen wird dieses Revier nachts durchsteuert. Dieser Abschnitt ist bei den Kapitänen und Steuerleuten wenig beliebt, während ihnen ein Sturm in der Barentssee im hohen Norden offenbar weniger Kummer macht: »Dann fahren wir einfach etwas weiter von der Küste entfernt und dann geht das auch«, sagt einer der Kapitäne.

Der nächste Hafen nach Molde ist Kristiansund, das geschützt hinter hohen Schären aus Granit liegt: Die schmale Einfahrt in die natürliche Hafenbucht öffnet sich überraschend – vorher und ist von der Stadt vom Meer aus kaum etwas zu sehen. Aufgrund des nächtlichen Anlaufs verschlafen die meisten Gäste Kristiansund nordgehend. Südgehend wird die Hauptstadt des Regierungsbezirks Møre og Romsdal jedoch am Nachmittag erreicht.

Kristiansund ist auf mehreren Inseln rund um einen gut geschützten Naturhafen entstanden.

Trøndelag und die Nordlandküste

Trondheim zählt bereits nicht mehr zu Fjordnorwegen, obwohl es natürlich auch weiter nördlich noch zahlreiche Fjorde gibt. Mit rund 170 000 Einwohnern ist Trondheim die drittgrößte Stadt Norwegens, spätestens hier endet der dichter besiedelte Teil des Landes. Richtung Norden folgt das schmalste Stück Norwegen, wo bei Mo i Rana zwischen Küste und schwedischer Grenze nur 40 Kilometer Land liegen.

Die Zahl der Häfen nimmt nun ab, sodass die Fahrt von Trondheim bis Rørvik neun Stunden dauert. Rørvik ist einer der Orte, die von der Hurtigruten abhängig sind. Noch 2002 war dieses Unterzentrum an der Küste, das

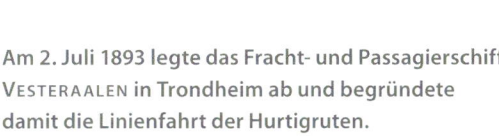

Am 2. Juli 1893 legte das Fracht- und Passagierschiff VESTERAALEN in Trondheim ab und begründete damit die Linienfahrt der Hurtigruten.

Die Speicherhäuser am Fluss Nidelven wurden teilweise neu gebaut – auf den Erhalt des traditionellen Stils legt man in Trondheim aber großen Wert (oben).

Das einstige Werftviertel von Trondheim wurde umgewidmet. Kneipen und Restaurants sorgen für ein reges Nachtleben (links).

Die NORDLYS verlässt den Anleger in Trondheim, um weiter gen Norden zu fahren. Nächster Hafen: Rørvik (oben).

seine Funktion mit dem Rückgang der Fischerei verloren hatte, von Landflucht, geschlossenen Läden und einem heruntergekommenen Hotel geprägt. 2004 wurde dann jedoch keine 100 Meter vom Hurtigrutenkai entfernt das Museum »Norveg« eröffnet, ein modernes, halb über dem Wasser gebautes Gebäude. Als Zentrum für Küstenkultur informiert es anschaulich und multimedial über Leben und Arbeiten der Küstenbewohner. Wenn sich abends gegen neun das nord- und das südgehende Schiff in Rørvik treffen, öffnet das Museum für interessierte Gäste seine Pforten. Aber Vorsicht! Nicht die Abfahrt des Schiffes verpassen und schon gar nicht das verkehrte Schiff nehmen!

Genau genommen beginnt ab Trondheim der Teil Norwegens, der Hurtigruten braucht: Hier liegt der dünn besiedelte Landstrich, der von Oslo mehr als eine Tagesreise mit dem Auto entfernt ist und in dem es nur wenig Flughäfen gibt. Jets landen nur in Trondheim und Bodø, doch zwischen den beiden Städten liegen 720 Straßenkilometer! Sicher, es gibt noch kleinere Flughäfen, auf denen die Propellermaschinen der Regionalfluggesellschaft

So kommt der Stockfisch zu seinem Namen: Paarweise am Steert zusammengebunden und über einen Stock gehängt, wird er auf Holzgestellen getrocknet. Klippfisch hingegen wird durch Lagerung auf den Klippen getrocknet. Das Bild zeigt Stockfisch im Zentrum für Küstenkultur in Rørvik.

Rørvik galt einst als verschlafener Ort an der Küste der Region Nord-Trøndelag. Um die Abwanderung zu stoppen, wurde hier das Norwegische Zentrum für Küstenkultur errichtet, ein modernes Museum in unmittelbarer Nähe des Hurtigruten-Anlegers (rechts).

Brønnøysund und Sandnessjøen sind die beiden größeren Städte an der Küste des Fylke Nordland zwischen Trondheim und Bodø. Hier lebt man traditionell vom Fischfang.

Zwischen Inseln und unbewohnten Eilanden hindurch führt der Weg der MIDNATSOL zum Anleger in Nesna.

Widerøe landen. Aber auf Hurtigruten wird Fracht transportiert, man kann das Auto mitnehmen und mit der ganzen Familie in der Kabine schlafen.

In Brønnøysund ist das nationale Verkehrsregister beheimatet, was die Stadt in Norwegen naturgemäß nicht beliebt macht. Eine wirkliche Attraktion für Besucher ist hingegen der Berg Torghatten, der ein durchgehendes Loch aufweist. Der Sage nach schoss der Riese Hestmannen einen Pfeil durch den Hut des Königs, der bei Sonnenaufgang versteinerte. Das Loch ist vom südgehenden Schiff aus mit Mühe mit bloßem Auge zu erkennen. Mit einem Fernglas lässt es sich jedoch gut sehen, wenn das Schiff nach dem Ablegen in Brønnøysund die Brücke passiert hat.

Auch Sandnessjøen hat seine steinerne Attraktion: Die »Sieben Schwestern« genannte Bergkette ist besonders hübsch, wenn die Schwestern im Frühjahr noch eine Schneemütze tragen. Nesna und Ørnes sind die

Landausflug bei Ørnes zum Gletscher Svartisen: Kleine Zwischenmahlzeit mit norwegischen Spezialitäten (oben).

Das warme Licht des Nordens spendet einen goldenen Schein auch dem sehr nüchternen Bodø, das von der NORDNORGE angelaufen wird (unten).

nächsten Stationen, kleine Orte, die von ihrem Hurtigrutenanleger profitieren. Zwischen den beiden Häfen wird einer der schönsten Landausflüge angeboten: Ein Ausflugsschiff geht längsseits und fährt zum Gletscher Svartisen, der bis an die Meeresbucht reicht. Ein Spaziergang führt zum Gletschersee, anschließend geht es mit einem schnellen Katamaran dem Hurtigrutenschiff hinterher. Zwischendrin wird gestoppt, wenn man Seeadler sehen kann. Die Besatzung füttert sie mit Fischen an, sodass die großen Raubvögel nah an das Schiff herankommen.

Der Sage nach schoss der Riese Hestmannen einen Pfeil durch den Berg Torghatten bei Brønnøysund. Das markante Loch ist auf südgehender Fahrt am besten zu sehen (linke Seite).

Lofoten und Vesterålen

Mit dem Erreichen von Bodø wird die Nordlandküste verlassen. Nach einer längeren Liegezeit geht es über den breiten Westfjord Richtung Lofoten; die Passage dauert gut vier Stunden. Dabei scheinen am Horizont die steilen Berge langsam aus dem Meer zu wachsen – und die Felswände werden höher und höher. Je näher das Schiff den Lofoten kommt, umso weniger kann man sich vorstellen, dass am Fuß der bis zu 1000 Meter hohen Berge Fischerdörfer Platz haben sollen.

In Svolvær entstanden viele Ferienhäuser im Stil der Fischerhütten am Wasser (rechts).

Stamsund ist der erste Hafen, der auf den Lofoten nordgehend erreicht wird (unten).

Gegenüber von Sortland liegt dieses traditionelle Nordlandboot (oben). Früher fuhren die Fischer von den Lofoten und Vesterålen mit diesen Booten hinaus, heute hat auch hier moderne Technik den Antrieb übernommen (rechts).

Beide Inselgruppen haben über Jahrtausende vom Fischfang gelebt. Die Lofotfischerei ist die größte Saisonfischerei Europas, da hier zwischen Januar und März dank des warmen Golfstroms Dorsche durchziehen. Früher kamen die kleinen Fischerboote aus ganz Norwegen für die Lofotfischerei auf die Inseln. Noch 1951 waren es über 20 000 Fischer, also etwa 4000 Fischkutter, die hier in den ersten drei Monaten des Jahres auf Fang gingen. Heute sind es zwar immer noch mehrere Hundert Schiffe, aber die Fangquoten sind viel niedriger geworden. Die Einheimischen beklagen sich, dass große internationale Fischtrawler mit zu engmaschigen Netzen den Dorsch bereits aus dem Meer holen, bevor er die Inseln erreicht. Traditionell wird der Dorsch zu Stockfisch verarbeitet. Dazu bindet man jeweils zwei Dorsche an den Schwanzflossen zusammen und hängt sie für etwa drei

Farbenfreudige Lofoten: Die rote Farbe der Holzhäuser im Norden stammt ursprünglich aus dem schwedischen Falun und war dort ein Nebenprodukt des Kupferabbaus. Wenn im kurzen Sommer alles blüht, wirkt die an sich karge Landschaft leuchtend und fröhlich.

Monate über große Trockengestelle in den Wind. In dieser Zeit steht über den Lofoten eine Dunstglocke und überall riecht es nach Fisch. Danach sind die Dorsche steif und durchgetrocknet und werden als Delikatesse vor allem in katholische Länder verkauft. Italien und Portugal nehmen die besten Qualitäten, manches geht aber auch in afrikanische Länder wie Nigeria.

Stamsund und Svolvær werden auf den Lofoten am Abend angelaufen, zu Mitternacht wird dann der Raftsund passiert. In den hellen Sommernächten – der Polarkreis wurde bereits bei Ørnes überquert – ist die Fahrt in den winzigen, engen Trollfjord ein besonderes Erlebnis. Der Trollfjord ist nur zwei Kilometer lang und an seiner schmalsten Stelle etwa 100 Meter breit. Die umstehenden Berge ragen bis zu 1000 Meter in die Höhe, was für eine spezielle Dramatik sorgt. Dank moderner Bug- und Heckstrahlruder ist das Wendemanöver am Fjordende kein großes Kunststück mehr und doch ist es immer wieder beeindruckend.

Der Austnesfjord ist eine der vielen Buchten auf den Lofoten. Der Aussichtspunkt oberhalb des Fjords ist bei Besuchern sehr beliebt, weil er einfach zu Fuß zu erreichen ist (links).

Das Fischerdorf Nusfjord wurde in die UNESCO-Liste des Welterbes aufgenommen und somit unter Schutz gestellt (rechts).

Stokmarknes, wo die Geschichte der Hurtigruten ihren Anfang nahm, wird nordgehend nachts angelaufen. Hier befindet sich das Hurtigrutenmuseum, zu dem auch die FINNMARKEN von 1956 gehört. Das bei Blohm & Voss in Hamburg gebaute Schiff wurde an Land gehievt und liegt hier nun als Museumsschiff. Die Erhaltungskosten sind hoch, der Museumsetat leider eher niedrig. Daher gab und gibt es immer wieder Schwierigkeiten, die FINNMARKEN in Schuss zu halten.

Die schöne Passage zwischen den Vesterålen hindurch mit den Häfen Sortland und Risøyhamn erleben die meisten Gäste nur auf der südgehenden Route, denn nordgehend ist man hier nachts unterwegs. Zum Frühstück wird dann Harstad erreicht. Auf den Vesterålen ist man sich über die epochale Bedeutung der Hurtigruten bis heute im Klaren: Ohne die Postschiffe und ohne die Verbreiterung der Risøyrinne hätte sich die Inselgruppe niemals so entwickeln können.

Große norwegische Seefahrtstradition: In Tromsø begannen viele Polar-Expeditionen, aber Fischfang und Seehandel haben die Stadt zur nördlichsten Metropole des Landes gemacht (unten).

Auf den Vesterålen ist das Boot für viele Familien wichtiger als das Auto (linke Seite).

Auf dem Berg Storsteinen gegenüber von Tromsø befindet sich ein beliebtes Wandergebiet. Dort hat man eine prächtige Aussicht über Stadt, Berge und Schiffe (folgende Doppelseite).

Tromsø und die Finnmark

Zwischen Finnsnes und Tromsø kann man sehr schön sehen, wie Richard With und Anders Holte ihre Hurtigruten geplant hatten: Geschützt von großen Inseln fahren die Schiffe durch Sunde, ohne dass das offene Meer zu sehen wäre. Die schöne Insel Senja und Kvaløya, die Walinsel, trennen die Route vom Nordatlantik.

In Tromsø trägt alles das Etikett »Nördlichstes der Welt«. Dabei sind die nördlichste Universität und die nördlichste Brauerei noch die bekanntesten Superlative. In dieser Hafenstadt lässt sich der vierstündige Aufenthalt vielfältig nutzen. Sehenswert ist z. B. das Polarmuseum, auch wenn es zugegebenermaßen etwas angestaubt wirkt. Die Polarforscher Fridtjof Nansen (1861 bis 1930) und Roald Amundsen (1872 bis 1928) starteten hier zu ihren Nordpolexpeditionen. Auch die sogenannte Eismeerkathedrale mit ihrer modernen Architektur wird oft besucht. In der Nähe der Kirche steht die Talstation der Kabinenseilbahn Fjellheisen auf den Berg Storsteinen, von dem man bei klarer Sicht eine fantastische Aussicht über Tromsø und die umliegenden Berge und Inseln hat. Allerdings muss man etwas auf die Zeit achten, um das Schiff nicht zu verpassen.

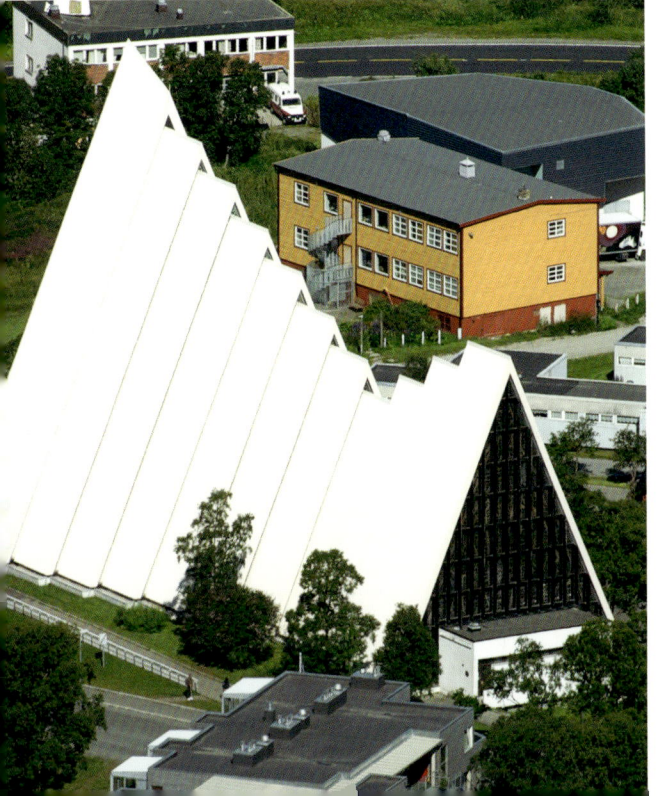

Tromsdalens Kirke heißt die 1964 erbaute Kirche, die unter der volkstümlichen Bezeichnung »Eismeerkathedrale« zum Wahrzeichen Tromsøs wurde.

Roald Amundsen wird in Norwegen stets noch als Held verehrt, ebenso wie Fridtjof Nansen. Ihre Polarexpeditionen waren extrem bedeutsam für das entstehende Selbstbewusstsein der jungen Nation Anfang des 20. Jahrhunderts (rechts).

Die schöne Lyngen-Halbinsel passieren die Hurtigrutenschiffe leider nur auf der Außenseite abends (unten).

Skervøy und Øksfjord werden nordgehend nachts angelaufen, in den frühen Morgenstunden folgt dann Hammerfest. Dessen Stadtbild hat sich in den letzten Jahren durch Industrieanlagen stark gewandelt. Nach Erschließung der Gasfelder unter dem Meeresboden entstand hier eine riesige Anlage zur Verflüssigung von Erdgas.

Nach dem kurzen Stopp in Havøysund strebt die Reise ihrem nördlichen Höhepunkt entgegen: Der Abstecher von Honningsvåg per Bus zum Nordkap dürfte der am häufigsten gebuchte Landausflug sein. Denn wer will schon so weit in den Norden reisen und dann das Nordkap verpassen? Am Nordkap treffen sich die Touristen aus aller Welt, Norweger sind klar in der Minderheit. 1956 ließ die Gemeinde eine Straße von Honningsvåg bis zum Nordkap bauen, bis dahin lagen die Schiffe in der Bucht Hornvika vor Anker, wenn das Nordkap besucht werden sollte. Mit Ruderbooten an Land gebracht, mussten die Besucher des Nordkaps erst einmal über 300 Meter Höhenunterschied bewältigen, um hinauf zum Nordkap zu gelangen. Heute wird die Straße sogar ganzjährig frei gehalten, was angesichts der exponierten Lage ohne

Angler-Trophäen sind in Nordnorwegen als Hausschmuck verbreitet (oben).

In den kühlen Gefilden der Barentssee bleiben die Stühle auf dem Sonnendeck oft leer (rechts).

Hammerfest war lange die nördlichste Stadt Norwegens, bis schließlich Honningsvåg ebenfalls Stadtrechte erhielt (unten).

schützende Bäume und Sträucher im Winter schwierig ist. Von November bis April muss man mit dem Auto zu bestimmten Uhrzeiten an einem festgelegten Treffpunkt sein, um dann hinter einem Schneeräumfahrzeug in einer Kolonne zu den Dörfern und zur Nordkaphalle voranzukommen. Auf diese Weise sind im Winter zwei Fahrten pro Tag und Richtung möglich. Zu Mittsommer, wenn alle Touristen am Nordkap sein wollen, sind die Parkplätze voll. Immerhin fasst die Nordkaphalle bis zu 6000 Besucher.

Das Nordkap ist der Touristenmagnet im hohen Norden, wegen dem die Mehrzahl hierher kommt. Die meisten bringen wenig Zeit mit und verpassen deshalb den ursprünglichen Teil der Finnmark, der mit den Häfen an der Barentssee anfängt: Kjøllefjord und Mehamn auf der Nordkinnhalbinsel, Berlevåg und Båtsfjord auf der Varangerhalbinsel. Leider sind die Liegezeiten der Hurtigrutenschiffe hier nur kurz und Landprogramme, bei denen man per Bus zum nächsten Hafen fährt, sind aufgrund der Entfernungen unmöglich. Wer über Land von Honningsvåg nach Kjøllefjord fahren will, muss um den Porsangerfjord und den Laksefjord herumfahren. Das sind knapp 400 Kilometer an Land! Hurtigruten quert die

Das Dorf Kamøyvær liegt auf der Nordkap-Insel Magerøya (oben und vorhergehende Doppelseite).

Der Besuch am Nordkap ist für viele Hurtigruten-Gäste der Höhepunkt der Reise (unten).

Fjorde außen und benötigt dafür nur zweieinhalb Stunden. Ähnliche Größenverhältnisse gelten für die Distanz von Mehamn nach Berlevåg: 320 Straßenkilometer an Land, aber weniger als drei Stunden per Schiff. Und dazwischen ist fast nichts!

Die kleinen Orte sind aufgrund des Fischreichtums der Barentssee entstanden, aber auch aus politischen Gründen. Das dänisch-norwegische Reich wollte seine Gebietsansprüche absichern und ließ deshalb 1734 bis 1738 eine Festung in Vardø erbauen. Diese wurde mit Post von Trondheim über Alta versorgt, und zwar durch

Mehamn ist eines von den kleinen Dörfern an der Barentssee, die von Hurtigruten angelaufen werden (oben).

Nach dem Ausbau des Hafens von Berlevåg (oben der Leuchtturm Kjølnes), steht Kongsfjord (unten) nicht mehr auf dem Fahrplan von Hurtigruten.

Dem niederländischen Seefahrer und Entdecker Willem Barents (1550–1597) wurde in Vardø ein Denkmal gesetzt (oben). In Vadsø blieb der Luftschiffmast erhalten, an dem die Zeppeline von Umberto Nobile und Roald Amundsen auf ihren Polarexpeditionen festmachten (rechts). Hamningberg ist nur noch im Sommer bewohnt (unten).

Postruderer! Im Grunde ist diese mehrwöchige Ruderstrecke ein Vorläufer der Hurtigruten. Wenn das moderne Postschiff auf der südgehenden Route nachmittags in Vardø festmacht, stehen schon historisch Uniformierte am Kai und lotsen die erstaunten Gäste in die nahe gelegene Festung. Interessant in Vardø ist auch das Museum, das sich dem sogenannten Pomorhandel mit russischen Händlern aus Murmansk und Archangelsk widmet.

Vadsø ist der letzte Hafen vor Kirkenes und wird nur nordgehend angelaufen, wobei die Richtungsangabe hier eigentlich falsch ist, denn seit Honningsvåg führt der Weg nach Osten. Norwegen wird oft nur in seiner Nord-Süd-Ausdehnung wahrgenommen. Aber Vardø und Kirkenes liegen östlich von Istanbul. Und quer zwischen Narvik und Kirkenes würde Deutschland glatt einmal der Länge nach hineinpassen.

Nach drei Stunden Liegezeit legen die Hurtigrutenschiffe am siebten Tag wieder in Kirkenes ab und machen sich auf den Rückweg nach Bergen, das am zwölften Tag erreicht wird. Welche Richtung schöner ist? Diese Frage ist schwer zu beantworten, erlebt man doch die Häfen, die nordgehend nachts passiert werden, auf der

Reise nach Süden am Tag. Die komplette Rundreise ist eine bequeme Art, die vielfältige Küste, ihre Natur und die Kultur kennenzulernen. Intensiver reist man jedoch, wenn man die Hurtigruten wie die Norweger nutzt: als Transportmittel. Wer Teilstrecken mit dem eigenen Wagen zurücklegt und dann wieder ein Stück Hurtigruten fährt, der bekommt ein Gefühl für Entfernungen, für das besondere Leben im Norden Norwegens und für die Bedeutung, die Hurtigruten bis heute für diesen Landesteil hat.

Kirkenes entstand einst als Siedlung für eine Erzmine (unten).

Die Orte an der Barentssee leben bis heute hauptsächlich vom Fischfang (oben).

Die Schiffe der Hurtigruten

Bis heute sind auf Hurtigruten Schiffe verschiedener Generationen im Einsatz. Die NORDSTJERNEN von 1956 ist das älteste Schiff, die MIDNATSOL von 2003 ist das jüngste.

Alle Schiffe der Hurtigruten tragen ein Stück Geschichte dieser traditionsreichen Linie in sich. Mal ist es der Name oder die Baugeschichte und mal sind es Erinnerungsstücke an frühere Schiffe, die ihren Platz an Bord eines neuen Schiffes gefunden haben. Welches Schiff für die eigenen Bedürfnisse das beste und schönste ist, bleibt Geschmackssache.

Auf der einen Seite stehen die beiden ehrwürdigen Veteranen, die LOFOTEN von 1964 und die NORDSTJERNEN von 1956. Während diese Zeilen geschrieben werden, ist nicht klar, wie lange diese beiden historischen Hurtigrutenschiffe noch im Liniendienst bleiben werden. Beide waren schon in den Ruhestand verabschiedet und wurden dann reaktiviert. Liebhaber maritimer Wertarbeit schätzen die Schiffe, auch wenn man beim Komfort einige Abstriche machen muss. Das Rasseln der Ankerketten bei bestimmten Wendemanövern ist im ganzen Schiff zu hören, die Kabinen sind kleiner – auch für das Personal. Aber das engere Beisammensein zwischen Gästen und Besatzung hat auch seine Vorteile: Diese Schiffe sind intimer, persönlicher als die großen neuen Schiffe.

Am anderen Ende der Skala glänzen die TROLLFJORD und die MIDNATSOL mit einem großen Platzangebot, die mit teilweise luxuriösen Kabinen fast schon wie kleine Kreuzfahrtschiffe wirken. Durch ihre Größe liegen sie ruhiger in der See, an allen Ecken und Enden merkt man, dass es sich um moderne Neubauten handelt. Und immer wenn sich die NORDSTJERNEN und die TROLLFJORD treffen, werden die Größenunterschiede deutlich. Wer Komfort sucht, ist auf den jüngsten Schiffen der Flotte sicher richtig.

Die Schiffe werden im Folgenden in alphabetischer Reihenfolge vorgestellt. Dabei werden Hurtigrutenkenner vielleicht die FINNMARKEN vermissen. Das 2002 in Dienst gestellte Schiff wurde aufgrund der Finanzkrise bei Hurtigruten ASA im November 2009 nach Australien verchartert. Ob das schöne Schiff noch einmal in den norwegischen Liniendienst zurückkehren wird, wird zunehmend bezweifelt. Bei Redaktionsschluss war noch keine Entscheidung gefallen. Nicht in der Aufstellung enthalten ist auch die FRAM, die Hurtigruten ASA als Expeditionsschiff für die Fahrtgebiete Spitzbergen, Grönland und Antarktis bauen ließ. Denn das Schiff war nie im Liniendienst auf Hurtigruten unterwegs.

Aus der Hurtigrutenflotte sind zwei Schiffe der sogenannten mittleren Generation aus den 1980er-Jahren verschwunden. Die MIDNATSOL von 1982 wurde nach der Indienststellung der neuen MIDNATSOL 2003 zunächst aufgelegt und in MIDNATSOL II umbenannt. Als sie von 2005 bis 2007 noch einmal als Ablöseschiff eingesetzt werden sollte, wurde sie zuvor in LYNGEN umgetauft. Die NARVIK hingegen wurde 2007 verkauft. Aus dieser Generation ist nur die VESTERÅLEN verblieben.

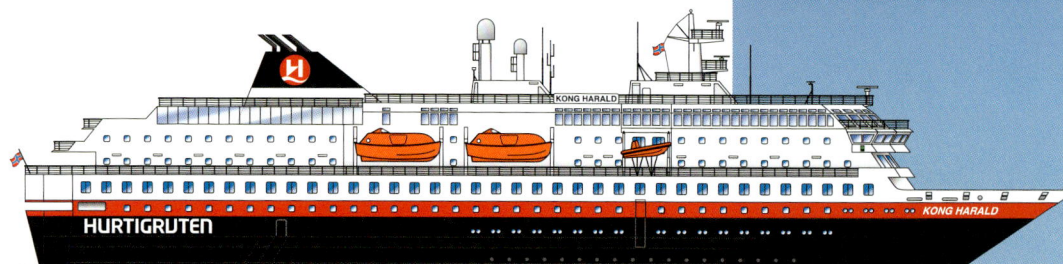

MS Kong Harald

Die KONG HARALD war das erste Schiff der jüngsten Generation und kam gerade noch rechtzeitig zu den Feierlichkeiten des 100. Geburtstags der Hurtigruten am 2. Juli 1993 in Trondheim an. Ein Schiff dieses Namens hatte es zuvor nur einmal auf Hurtigruten gegeben, allerdings bereits 1890. Die erste KONG HARALD gehörte Stavangerske und nun führte TFDS die Namenstradition fort. Hintergrund war die Krönungsreise König Haralds V., der seit dem Tod seines Vaters Olav V. am 17. Januar 1991 König von Norwegen ist. König Harald und seine Frau Sonja gingen 1992 der Tradition gemäß auf eine Reise durch das ganze Land, was für die TFDS Anlass war, das Schiff auf den Namen des neuen Königs zu taufen. Die KONG HARALD steht damit in einer Ahnenreihe mit der KONG HAAKON von 1904 (Stavangerske), die zwischen 1919 und 1950 mehrfach auf Hurtigruten zum Einsatz kam, und der KONG OLAV von 1964 (Stavangerske).

Als erstes Schiff der neuen Baureihe erregte die KONG HARALD enorm viel Aufmerksamkeit in Norwegen. Auf der ersten Rundreise wurde sie in allen Häfen begeistert empfangen und als große Hoffnung für die Zukunft der Hurtigruten gepriesen. Der Auftrag für drei Schiffe ging seinerzeit an die Volkswerft in Stralsund, die dank staatlicher Fördermittel pro Schiff 70 Millionen Kronen preiswerter war als die norwegische Werft Kværner Kleven

Schiffsdaten MS KONG HARALD
Erster Einsatz für Hurtigruten:	6. Juli 1993
Ersatz für:	MS POLARLYS (1952)
Werft:	Volkswerft Stralsund
Länge:	121,80 Meter
Breite:	19,20 Meter
Passagiere:	691
Autostellplätze:	45

KONG HARALD hat auf südgehender Reise im Hafen von Kristiansund festgemacht.

in Ulsteinvik. Die Pläne für die Kong Harald stammten von der renommierten Meyer Werft in Papenburg, deren Entwürfe dadurch überzeugten, dass 212 der 232 Kabinen außen liegen sollten. Im Grunde orientieren sich alle Schiffe, die danach gebaut wurden, an diesem Konzept. Die Inneneinrichtung wurde vom Büro Falkum Hansen Design in Oslo entworfen, das eine lange Tradition im Einrichten und Gestalten von Kreuzfahrtschiffen und Fähren hat.

Auffällig sind die beiden breiteren Treppenhäuser und die großzügigen öffentlichen Bereiche auf Deck 4. Dort befindet sich achtern bei allen neuen Hurtigrutenschiffen das große Buffetrestaurant. Durch einen langen Gang mit Fenstern zur Steuerbordseite gelangt man nach vorn, während an Backbord die für Gäste nicht zugänglichen Küchenbereiche liegen. Im Gang findet sich manchmal ein kleiner Souvenirshop oder, wie bei der Kong Harald, das Kinderspielzimmer, mittschiffs folgt die Cafeteria. Die beiden Salons im Bug werden für Vorträge genutzt, oft liegt auf der Backbordseite das schiffseigene Reisebüro, in dem man die Landausflüge buchen kann. Deck 5 und 6 sind reine Kabinendecks, Deck 7 gehört dann wieder zu den öffentlichen Bereichen.

Hier fand die größte Veränderung statt: Seit dem Bau der Kong Harald verfügt jedes neue Hurtigrutenschiff über einen Panoramasalon mit freier Sicht über den Bug und nach beiden Seiten. Die Sessel hier sind ausgesprochen beliebt und entsprechend hart umkämpft. Da werden Handtaschen und Jacken deponiert, wie man es von den Sonnenliegen am Hotelpool kennt. Ärgerlich ist nur, wenn die tollen Panoramasitze dann zum Schlafen, Stricken oder Lesen genutzt werden und die »Besatzer« gar nichts von der vorbeiziehenden Landschaft mitbekommen.

Kong Harald bei der Einfahrt in den schmalen Raftsund auf den Lofoten (oben).

Kong Harald war das erste Schiff der jüngeren Generation und stilbildend für eine ganze Baureihe von Hurtigrutenschiffen. Sie war das erste Schiff mit einem Panoramasalon auf Deck 7, der freie Sicht in Fahrtrichtung bietet.

Im Frachtbereich veränderte sich die Kapazität im Vergleich zu den drei Schiffen aus den 1980er-Jahren wenig: Es gibt ein Autodeck mit Platz für 45 bis 50 Autos sowie einen Thermoraum für Kühlwaren. Die bewährten seitlichen Aufzüge, einen für Pkw und eine Laderampe mit Aufzug für Gabelstapler, wurden beibehalten. Vergleicht man die neue Generation mit den Schiffen der 1960er-Jahre, wird der Fortschritt noch deutlicher: kein Ladegeschirr mehr, keine Ladeluke, die geöffnet werden muss, und vor allem keine Verladung von Pkw auf das Vordeck, wie es sie noch auf den alten Schiffen gab. Denn dort wurden bis zu vier Autos dem ultimativen Salztest unterzogen. Nun aber fährt man sie im Aufzug selbst an Bord, wo die Fahrzeuge trocken auf dem Auto- und Frachtdeck stehen.

Die nun viel höhere Kapazität – die Bettenzahl stieg von rund 200 auf etwa 490 – bedeutete auch einen Wandel im äußeren Auftritt der Hurtigruten. Während vorher die Plätze für Touristen eher knapp waren, begannen die Reedereien nun konsequent damit, den Linienverkehr entlang der norwegischen Küste auch als Urlaubsreise zu vermarkten. Insofern steht die KONG HARALD bis heute für einen historischen Wandel bei der Hurtigruten.

KONG HARALD beim abendlichen Anlauf von Molde im weiten Romsdalsfjord (oben).

Nächster Hafen: Svolvær. KONG HARALD auf südgehender Fahrt durch den Raftsund (links).

Deckspläne MS Kong Harald

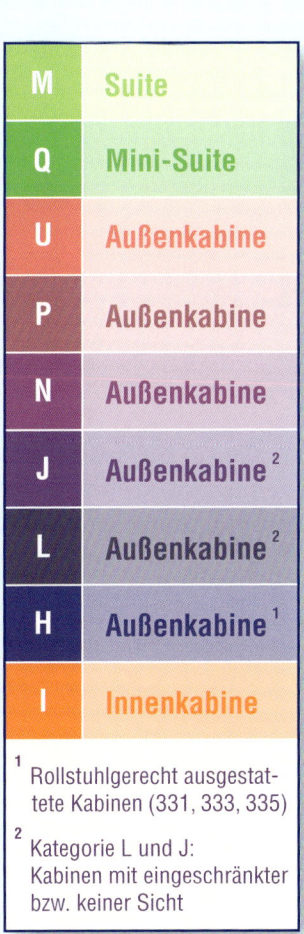

M	Suite
Q	Mini-Suite
U	Außenkabine
P	Außenkabine
N	Außenkabine
J	Außenkabine [2]
L	Außenkabine [2]
H	Außenkabine [1]
I	Innenkabine

[1] Rollstuhlgerecht ausgestattete Kabinen (331, 333, 335)

[2] Kategorie L und J: Kabinen mit eingeschränkter bzw. keiner Sicht

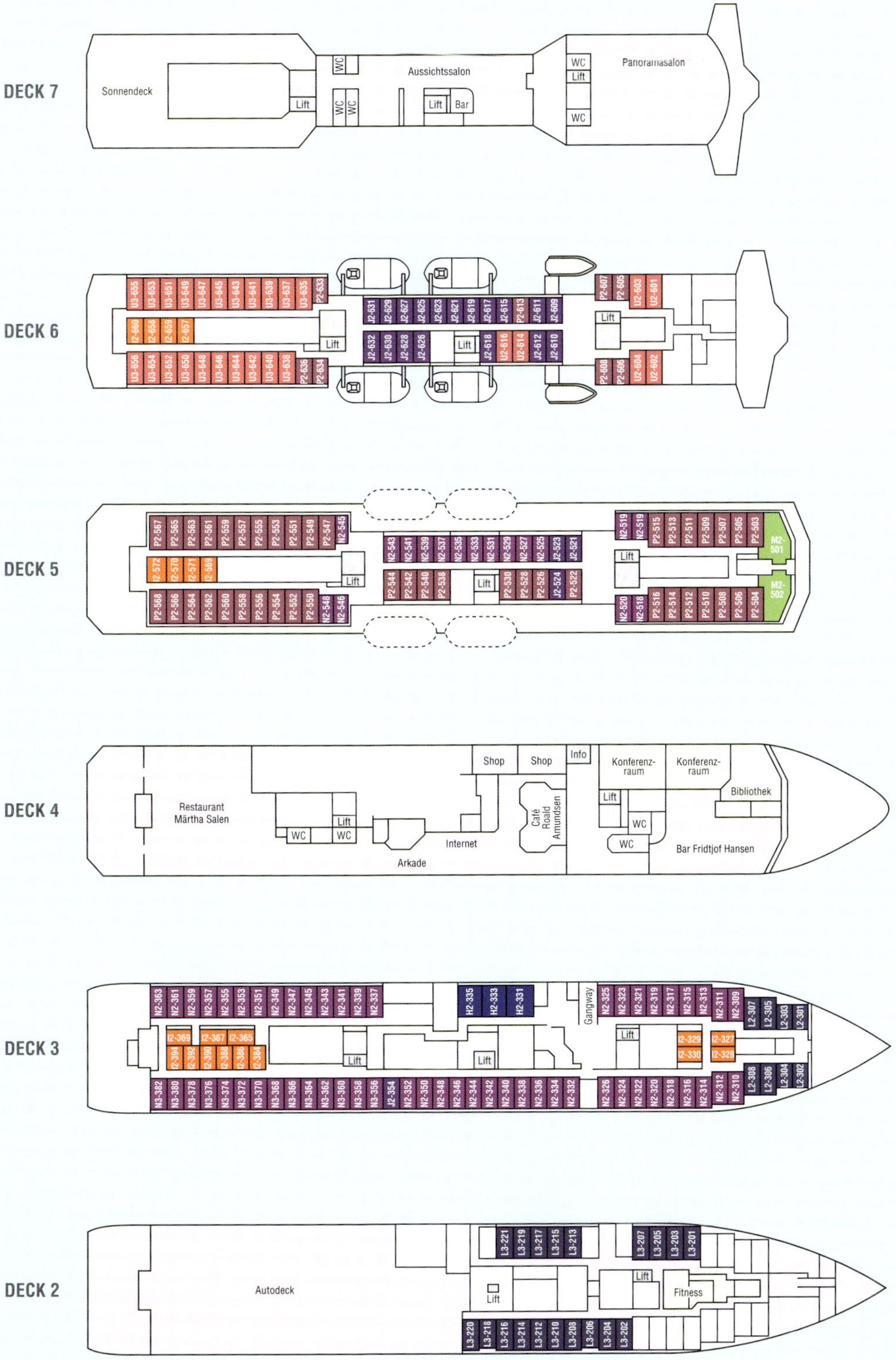

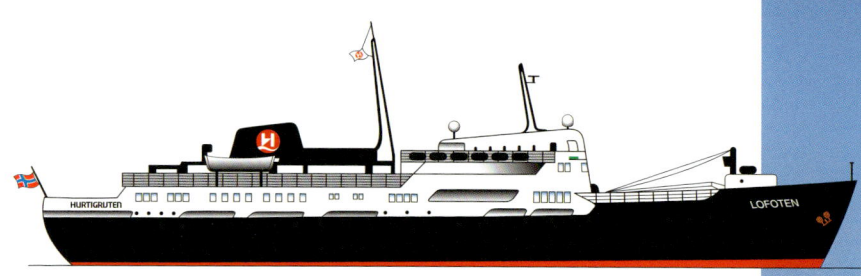

MS Lofoten

Die LOFOTEN ist erst das zweite Schiff dieses Namens in der Hurtigrutenflotte. Ihre Vorgängerin, das Dampfschiff LOFOTEN, tat von 1932 bis Mai 1964 Dienst, also auch noch dann, als das Nachfolgeschiff schon im Einsatz war. Deshalb fuhr die alte LOFOTEN auf ihren letzten Touren unter dem Namen VÅGAN.

Die erste Baureihe nach dem Zweiten Weltkrieg wurde 1949/1950 in Ancona gebaut, die zweite im dänischen Ålborg 1951/1952. Dann kamen die drei Schiffe von Blohm & Voss aus Hamburg. Erst der Auftrag für die vierte Baureihe ging an die norwegische Werft Aker Mekaniske Verksted in Oslo. Die von dieser gebaute HARALD JARL für Nordenfjeldske von 1960 bildete dann die Vorlage für drei weitere Schiffe, darunter die LOFOTEN von 1964. Die vier Schwesterschiffe unterscheiden sich nur geringfügig. Am einfachsten sind sie am Schornstein zu erkennen: HARALD JARL (1960) und LOFOTEN haben den Schornstein weiter achtern, während NORDNORGE und KONG OLAV (beide 1964) den Schornstein mittschiffs haben. Auch an den verschiedenen Ladebäumen kann man sie unterscheiden.

Gebaut wurde die LOFOTEN für Vesteraalens Dampskibsselskab und wurde dann von 1988 bis 1996 das einzige

Schiffsdaten MS LOFOTEN
Erster Einsatz für Hurtigruten:	5. März 1964
Ersatz für:	MS LOFOTEN (1932)
Werft:	Aker Mekaniske Verksted, Oslo
Länge:	87,40 Meter
Breite:	13,20 Meter
Passagiere:	400
Autostellplätze:	früher 4, jetzt 0

Wendemanöver der LOFOTEN im Hafen von Svolvær. Weiter führt die Reise gen Norden nach Stokmarknes auf den Vesterålen.

Schiff der Finnmarks Fylkesrederi. Nachdem es FFR nicht gelungen war, Partner für die Finanzierung eines Neubaus zu finden, wurde die LOFOTEN 1996 an OVDS verkauft. Damit war das Kapitel von Finnmarks Fylkesrederi als Teil der Hurtigruten beendet.

Die zweite LOFOTEN hatte wie ihre Vorgängerin ein gutes Leben bei Hurtigruten. Das Schiff blieb von größeren Unglücken und Pannen verschont. Neben dem Linienverkehr auf Hurtigruten fuhr sie auch auf der Expressroute nach Spitzbergen und verband zeitweise Bergen mit den Shetlandinseln. Im Februar 2002 wurde sie durch die TROLLFJORD abgelöst. Statt das Schiff nun in Rente zu schicken, wurde es für Fjordkreuzfahrten und Rundreisen um die Inselgruppe der Lofoten eingesetzt – eines der vielen Experimente der Hurtigrutenreedereien. Ein

Auf der Brücke bei Stokmarknes sammeln sich immer ein paar Schaulustige wenn ein Hurtigrutenschiff darunter passiert, wie hier die LOFOTEN (oben).

Die LOFOTEN von 1964 wurde mehrfach abgelöst, kam aber immer wieder zurück in die Linienfahrt.

Grund dafür war, dass es viele traditionsbewusste Gäste und Schiffsliebhaber gab, die eine Reise mit der alten LOFOTEN den modernen Schiffen vorzogen.

Im Winter 2002 war sie bereits wieder als Ablöseschiff auf Hurtigruten unterwegs, da die NORDNORGE Kreuzfahrten in der Antarktis unternahm. Die Rolle als Ablöser im Winter endete 2007 mit dem Verkauf der LYNGEN (ex MIDNATSOL II), seitdem ist die LOFOTEN wieder im ganzjährigen Betrieb – eine stolze Leistung für ein Schiff, das mehr als 40 Jahre harten Liniendienstes auf dem Buckel hat.

Gebaut wurde die LOFOTEN noch als Zweiklassenschiff mit den Kabinen der ersten Klasse mittschiffs und denen der zweiten Klasse hinten im Schiff. Doch das ist schon lange Geschichte: Bei einem Werftaufenthalt 1980 wurde der Speisesaal zweiter Klasse durch Kabinen ersetzt, die Klasseneinteilung auf der LOFOTEN war damit passé. 1985 wurde das ganze Schiff modernisiert und auch die B-Kabinen erhielten Duschen und WC. Die letzte große Renovierung fand 2003 statt, wobei aber immer darauf geachtet wurde, den Charakter des Schiffes zu erhalten. Trotz aller Umbauten verfügt etwa die Hälfte aller Kabinen nur über ein Waschbecken, Duschen und Toiletten befinden sich auf dem Gang. Das tut der Beliebtheit aber keinen Abbruch, denn vielen Gästen sind die mit Holz getäfelten Salons und die intime Atmosphäre wichtiger. Schwieriger ist schon die fehlende Möglichkeit, Autos mitzunehmen. Pkw-Reisende müssen also die Reisetage auf das eingesetzte Schiff abstimmen. Wie lange die LOFOTEN noch auf der Hurtigruten unterwegs sein wird, stand bei Redaktionsschluss noch nicht fest.

Obwohl sie weniger Komfort bietet als die jüngeren Schiffe, hat die LOFOTEN eine feste Fangemeinde, deren Anhänger gern mit solch einem klassischen Hurtigrutenschiff reisen.

Deckspläne MS Lofoten

N	Außenkabine
J	Außenkabine[1]
A	Außenkabine[2]
I	Innenkabine
D	Innen-/Außenkabine[3]

[1] Kategorie J: Kabinen mit eingeschränkter oder keiner Sicht.

[2] Kategorie I und A: Kabinen mit Ober-/Unterbett.

[3] Kabinen mit Ober-/Unterbetten und Waschbecken. Dusche/WC auf dem Gang.

BOOTSDECK

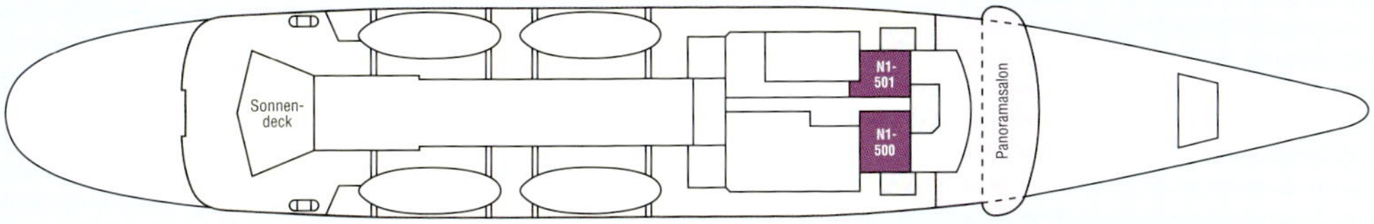

SALONDECK

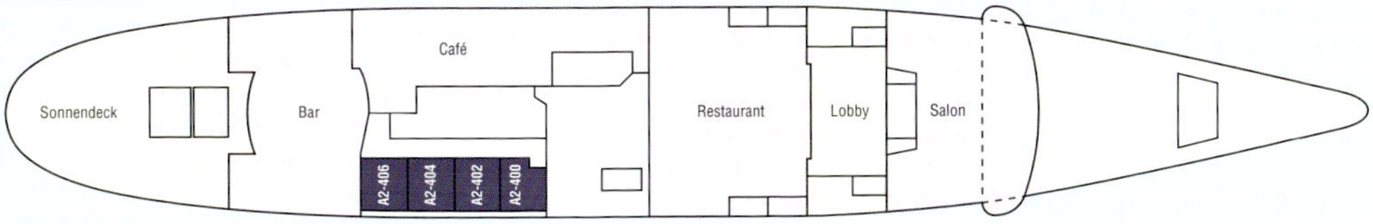

DECK A

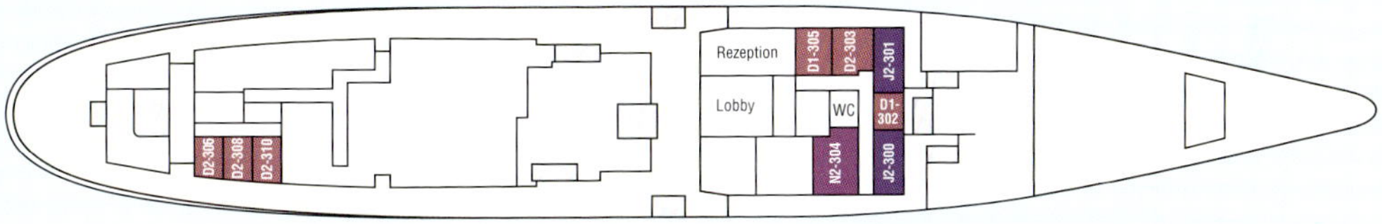

DECK B

DECK C

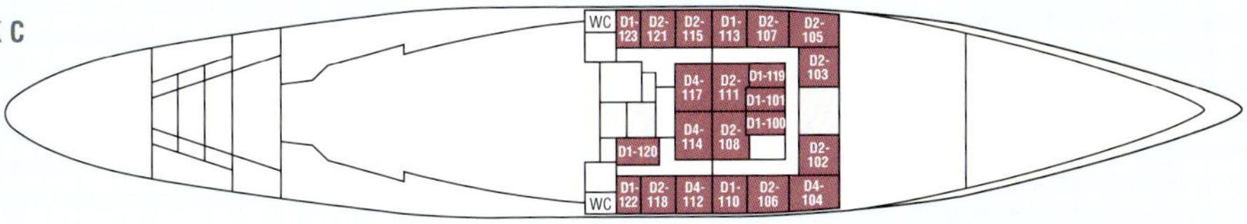

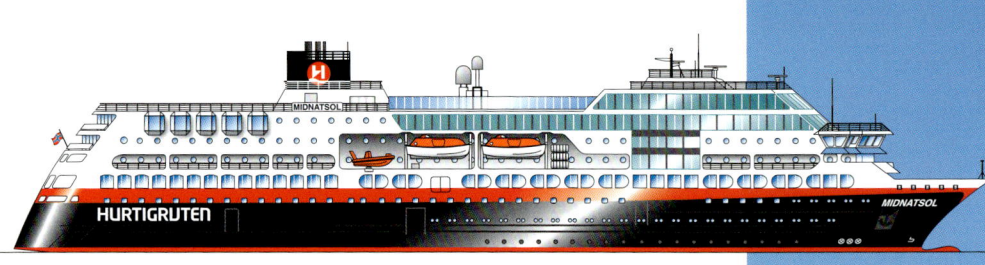

MS Midnatsol

Einer der traditionsreichsten Namen in der Geschichte der Hurtigruten wurde für das neue Flaggschiff von TFDS gewählt. Bergenske stellte 1910 und 1949 jeweils ein Schiff namens MIDNATSOL in Dienst, nach dem Ende der Bergenser Reederei übernahm TFDS den Namen 1982 und 2003. Die MIDNATSOL ist in Bauart und Geschichte der TROLLFJORD sehr ähnlich: Beide Male wurde der Rumpf auf Bruces Verkstad A/B im schwedischen Landskrona gebaut. Nach dem Stapellauf wurde der Rumpf in den Trondheimsfjord geschleppt, wo bei Fosen Mekaniske Verksteder in Rissa der Ausbau erfolgte. Leider ging die Werft während des Baus in Konkurs, doch die Banken garantierten eine Fertigstellung der Midnatsol. Die MIDNATSOL hat eine besondere Verbindung zum Hafen Hamburg, denn dort wurde sie von Rut Brandt, einst Gattin des Bundeskanzlers Willy Brandt, am 22. März 2003 getauft.

Schiffsdaten MS MIDNATSOL
Erster Einsatz für Hurtigruten:	15. April 2003
Ersatz für:	MS MIDNATSOL (1982)
Werft:	Fosen Mekaniske Verksteder, Rissa
Länge:	135,75 Meter
Breite:	21,50 Meter
Passagiere:	1000
Autostellplätze:	45

Zusammen mit ihrem Schwesterschiff TROLLFJORD weist die MIDNATSOL einige Besonderheiten auf. Beide Schiffe sind noch einmal größer als die übrige Baureihe: Während sich bei KONG HARALD und den baugleichen Schiffen das Außendeck auf Deck 7 befindet, haben TROLLFJORD und MIDNATSOL scheinbar zwei Decks mehr. Denn das Sonnendeck wird als Deck 9 bezeichnet, was teilweise an einer anderen Zählung der Decks liegt: Die

MIDNATSOL, das Flaggschiff der Hurtigruten erinnert in der Ausstattung der öffentlichen Bereiche an ein kleines Kreuzfahrtschiff.

MIDNATSOL beim abendlichen Ablegen in Ålesund. Nordgehend ist der nächste Hafen Molde (oben).

Besonderes Kennzeichen der MIDNATSOL ist der großzügig verglaste Panoramasalon, der sich über zwei Decks erstreckt (rechts).

untersten Kabinendecks werden bei den anderen Schiffen als Deck 2 geführt, auf dem sich auch das Autodeck befindet. Bei MIDNATSOL und TROLLFJORD liegt das Autodeck mitsamt dem untersten Kabinendeck jedoch auf Deck 3. Netto verfügen die beiden Flaggschiffe somit nur über ein Deck mehr. Im Tiefgang unterscheiden sich die Schiffe nur um 40 Zentimeter, in der Länge kamen noch einmal 12 Meter hinzu. Damit wurde die maximale Größe für die kleinen Häfen ausgenutzt.

Das zusätzliche Deck wurde achtern für zehn Suiten und zwei Eignersuiten genutzt, im vorderen Bereich wurde der Panoramasalon auf zwei Decks erweitert. Insgesamt bietet das Schiff 23 Suiten. Die voll verglaste Front erlaubt eine großartige Sicht auf die Küste. Neu sind auch das offene Atrium mittschiffs mit dem gläsernen Aufzug

und das Konferenzzentrum im Stil eines kleinen Amphitheaters. Es kann sowohl für Vorträge als auch für Veranstaltungen genutzt werden. Das Interieur stammt wieder aus der Feder von Falkum Hansen Design, die zu den führenden Schiffsdesignern Europas zählen. In vielerlei Hinsicht können MIDNATSOL und TROLLFJORD als kleine Kreuzfahrtschiffe betrachtet werden.

Mit der MIDNATSOL dürfen trotz weit reichender Baugleichheit mit der TROLLFJORD 178 Passagiere zusätzlich reisen. Das hat mit einer Besonderheit zu tun: Die norwegische Marine hat einen Baukostenzuschuss gezahlt, damit die MIDNATSOL im Krisenfall als Hospitalschiff dienen kann. Sie lässt sich daher im Notfall innerhalb von zehn Tagen zum schwimmenden Feldlazarett umbauen. Sie ist übrigens nicht das einzige Schiff der Hurtigrutenflotte mit dieser speziellen Nutzung: Auch die FINNMARKEN wurde als Hospitalschiff für Krisensituationen konzipiert.

Die beiden größten und vielleicht auch schönsten Schiffe, beide von TFDS in Tromsø in Auftrag gegeben, sind an der Küste nicht unumstritten. Im Sommer beliebt und gut gebucht, sind sie im Winterhalbjahr für die Strecke zu groß, um rentabel betrieben werden zu können. Gaute Myhre, Chronist der Geschichte von Nordenfjeldske in Trondheim, sieht sie sogar als Fehlinvestition an. Aber er gehört auch zu denjenigen, die die Kompetenz für Hurtigruten allein bei den ehemals großen Reedereien in Trondheim und Bergen sehen. Die Fusion der beiden letzten verbliebenen Reedereien kommentierte er 2007 so: »Der Name wird Hurtigruten Group sein, mit dem Hauptsitz in Narvik, einer Stadt, die kaum

Anläufe von Hurtigruten hatte. Diese beiden Lokalgesellschaften, die damals ›nichts‹ waren und auch als ›Erwachsene‹ noch nicht bewiesen haben, dass sie sich mit Shipping und dem Reedereigeschäft auskennen. Den Neuen, die das Erbe weiterführen sollen, fehlt wahrscheinlich Wissen und Erfahrung, um so etwas Spezielles wie die Hurtigruten an der norwegischen Küste zu betreiben.« Hurtigruten ist in Norwegen eben ein sehr emotionales und regional geprägtes Thema. Festzuhalten bleibt: Für internationale Gäste bieten MIDNATSOL und TROLLFJORD geradezu Kreuzfahrtkomfort. Ob die Schiffe für Hurtigruten wirklich geeignet sind oder Verluste einfahren, wird sich zeigen.

Die MIDNATSOL ist ein perfektes Schiff für den Hochsommer, wenn die Schiffe der Hurtigruten gut gebucht sind. Im Winter gehen die Passagierzahlen naturgemäß zurück, dann sind MIDNATSOL und auch die TROLLFJORD zu groß.

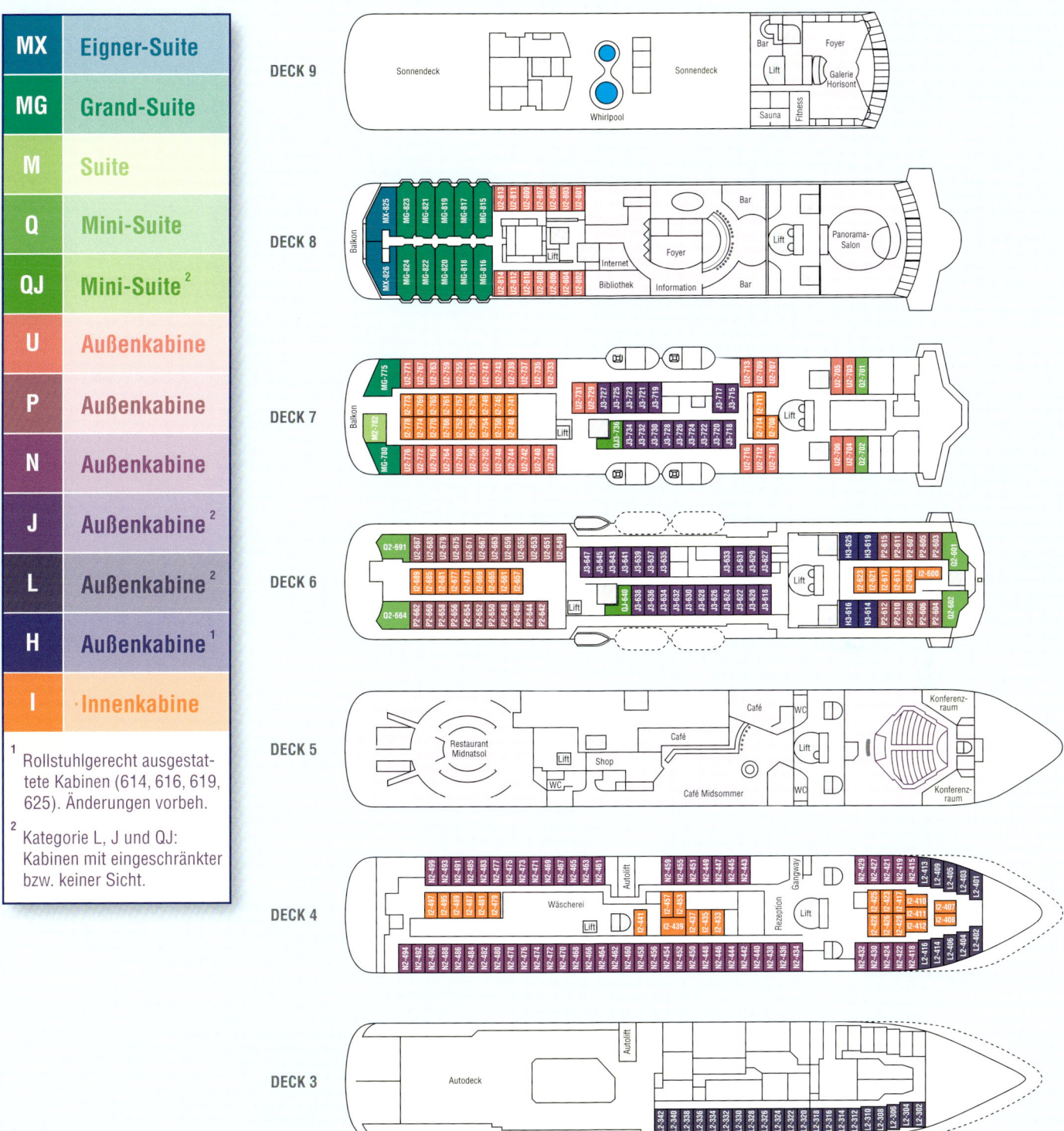

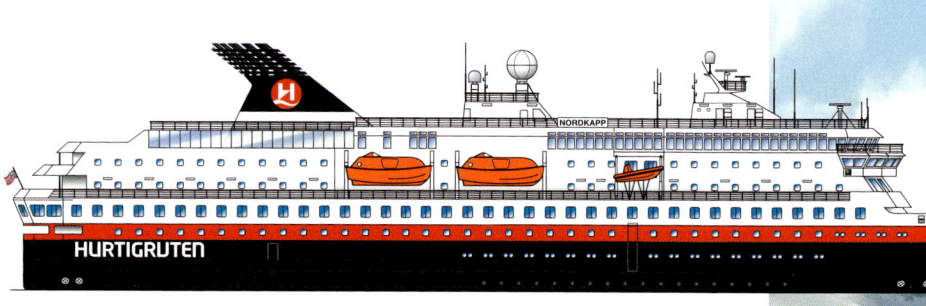

MS Nordkapp

Die NORDKAPP erhielt ihren Namen zusammen mit der POLARLYS in einer Doppeltaufe durch Königin Sonja. Es war das erste Mal, dass ein Schiff dieses Namens auf der Hurtigruten zum Einsatz kam und kommt. Die beiden Schwesterschiffe sind den ersten drei Schiffen der neuen Baureihe, die in Stralsund auf der Volkswerft entstanden, äußerlich sehr ähnlich. Trotzdem gab es gravierende Änderungen, die auch für die Passagiere positive Auswirkungen haben. Im Vorfeld des Werftauftrags hatte man in Finnland bei den Kværner Masa Yards und beim Marinetechnischen Institut in Trondheim Expertisen eingeholt, um die Form des Rumpfes zu optimieren. Auf der Wunschliste standen eine verbesserte Manövrierfähigkeit, geringere Vibrationen und eine verbesserte Geräuschdämmung. Technisch gesehen ist der Rumpf eine Neukonstruktion, auch wenn an Bord die Aufteilung nahezu identisch ist. Unterscheiden kann man die Schiffe äußerlich am besten am Heck: Das Restaurant ragt bei der NORDKAPP und der ebenfalls bei Kværner Kleven gebauten NORDNORGE ein wenig heraus und hat größere Panoramascheiben.

Schiffsdaten MS NORDKAPP

Erster Einsatz für Hurtigruten:	2. April 1996
Ersatz für:	MS NORDNORGE (1964)
Werft:	Kværner Kleven Verft, Ulsteinvik
Länge:	123,30 Meter
Breite:	19,50 Meter
Passagiere:	691
Autostellplätze:	45

Wenn im April jeden Jahres der Sommerfahrplan beginnt, fährt Hurtigruten auch in den Geirangerfjord, wie hier die NORDKAPP. Die Berge sind noch von dichtem Schnee bedeckt, so erlebt der Passagier eine ganz eigene Seereise durch eine unberührte, beeindruckende Winterlandschaft.

NORDKAPP am Hurtigruten-Terminal in Bergen, dem südlichen Wendepunkt der Reise (oben).

Das leicht auskragende Restaurant im Heck kennzeichnet NORDKAPP und POLARLYS.

Nordkapp am Kai von Tromsø, wo die Schiffe nord- wie südgehend eine längere Liegezeit haben.

Die Inneneinrichtung gestaltete der Architekt Arne Johansen, für die zahlreichen Kunstwerke an Bord wurde der nordnorwegische Künstler Karl Erik Harr verpflichtet. Harr, der in Harstad aufwuchs, zählt zu den bekanntesten zeitgenössischen Malern Norwegens. Einem größeren Publikum wurde er durch seine Buchillustrationen für Romane der norwegischen Schriftsteller Hamsun und Bøye bekannt. Sein Stil wird in Norwegen gern als Neuromantik bezeichnet, seine Motive stammen meist aus der norwegischen Natur.

Die Nordkapp erregte 2007 Aufsehen, als sie am 30. Januar bei einer Antarktisreise Grundberührung hatte und durch ein Leck Wasser eindrang. Die 294 Passagiere an Bord konnten wegen schlechten Wetters erst 24 Stunden später evakuiert werden. Das Schwesterschiff Nordnorge, das auch für Antarktiskreuzfahrten eingesetzt wurde, nahm die Passagiere auf und brachte sie nach Argentinien. Die Wiederaufnahme des Liniendienstes auf Hurtigruten verzögerte sich durch diese Havarie.

Deckspläne MS Nordkapp

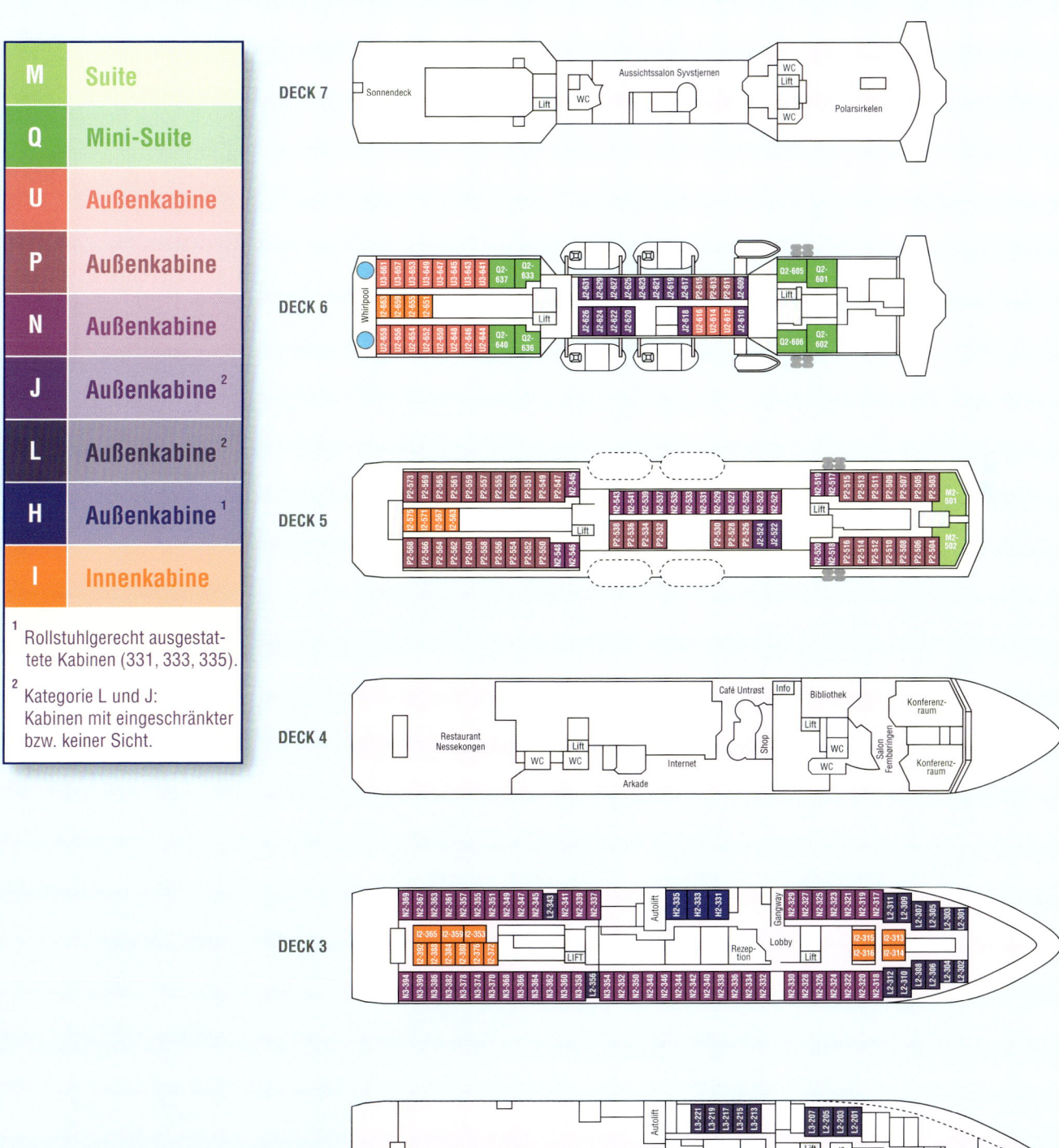

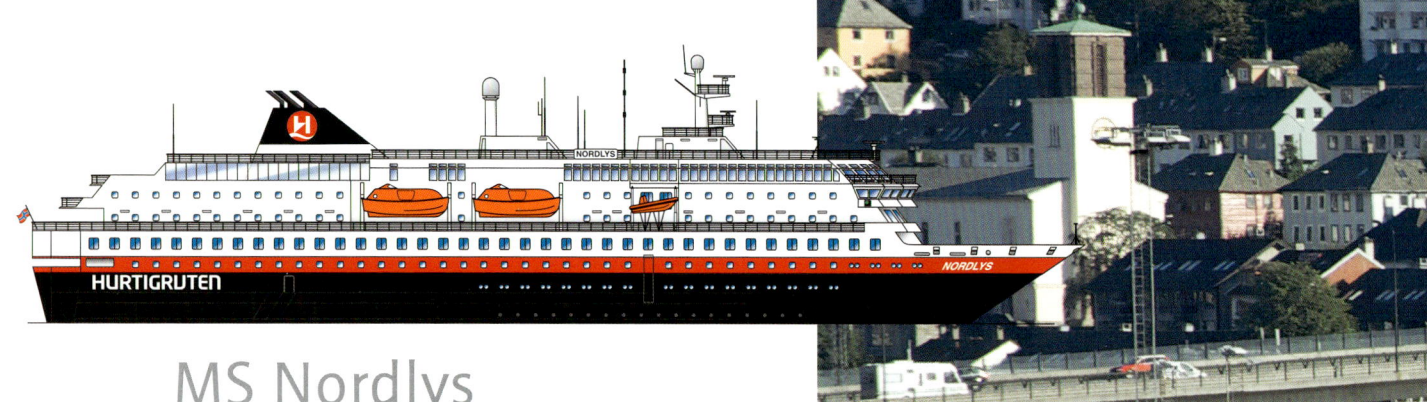

MS Nordlys

Die Nordlys ist eines der drei in Stralsund gebauten Schiffe und wurde neun Monate nach der Kong Harald abgeliefert. Während die Kong Harald verspätet war und die Richard With zeitlich etwas unglücklich zu Weihnachten in Dienst kam, hatte TFDS bei der Nordlys mehr Zeit für eine internationale Präsentation. Nach der Übergabe des Schiffes in Stralsund fuhr es zunächst nach Hamburg, wo es Interessierte noch vor der Taufe besuchen konnten. Nach der Taufe in Oslo durch die norwegische Parlamentspräsidentin legte die Nordlys nach Stavanger ab, um sich in London und Newcastle dem britischen Publikum zu präsentieren. In Hamburg sollen es 30 000 Besucher gewesen sein, in Bergen standen 20 000 Norweger für eine Schiffsbesichtigung Schlange, bevor die Nordlys ihren Liniendienst aufnahm.

Die Nordlys ist, abgesehen von der Farbgebung der Inneneinrichtung, identisch mit ihrem Schwesterschiff Kong Harald. Das Schiffsdesign stammt wie bei allen drei Schiffen, die in Stralsund entstanden, vom Osloer Designbüro Falkum Hansen. Dem Namen »Nordlicht« entsprechend sollte das Interieur besonders licht und

Schiffsdaten MS Nordlys

Erster Einsatz für Hurtigruten:	4. April 1994
Ersatz für:	MS Nordstjernen (1956)
Werft:	Volkswerft Stralsund
Länge:	121,80 Meter
Breite:	19,20 Meter
Passagiere:	691
Autostellplätze:	45

Nordlys nachmittags in Bergen einmal kurze Zeit ohne Gäste: Erst am Abend beginnt der neue Törn nordgehend bis Kirkenes und zurück.

Das Foto zeigt NORDLYS beim Verlassen des Hafens von Trondheim, bevor sie im Fjord die Insel Munkholmen passieren wird (oben).

NORDLYS ist das dritte in Stralsund gebaute Schiff der Hurtigruten, also ein Schwesterschiff von KONG HARALD und RICHARD WITH.

Die unterschiedlichsten Lichtstimmungen begleiten eine Reise mit Hurtigruten (rechts und folgende Seite).

hell wirken. Dieser Name ist nicht neu bei Hurtigruten: Bereits 1951 hieß eines der in Ålborg gebauten Schiffe von Bergenske NORDLYS, da die Bergenser Reederei Namen von Sternen oder Himmelsphänomenen für ihre Schiffe bevorzugte.

2008 wurde die NORDLYS erstmals im Winter stillgelegt, um die Betriebskosten zu senken. Doch schon im Januar 2009 musste sie ihr Schwesterschiff RICHARD WITH ersetzen, die eine Grundberührung im Hafen von Trondheim hatte. Im folgenden Winter 2009/2010 ging es ähnlich: Als der Chartervertrag mit der FINNMARKEN geschlossen wurde, musste die NORDLYS im Winter den Fahrplan der FINNMARKEN übernehmen, statt am Kai zu liegen. Dies ist einer der großen Vorteile einer relativ einheitlichen Flotte. Dass die NORDSTJERNEN, die 1994 durch die NORDLYS ersetzt wurde, später erneut in den Liniendienst treten sollte, hätte damals wohl niemand geahnt.

Deckspläne MS Nordlys

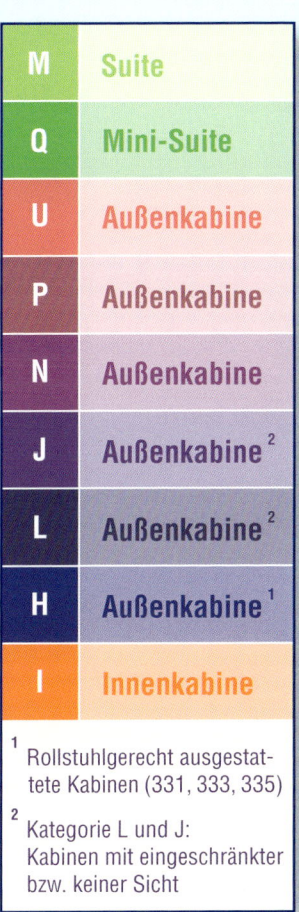

M	Suite	
Q	Mini-Suite	
U	Außenkabine	
P	Außenkabine	
N	Außenkabine	
J	Außenkabine	[2]
L	Außenkabine	[2]
H	Außenkabine	[1]
I	Innenkabine	

[1] Rollstuhlgerecht ausgestattete Kabinen (331, 333, 335)

[2] Kategorie L und J: Kabinen mit eingeschränkter bzw. keiner Sicht

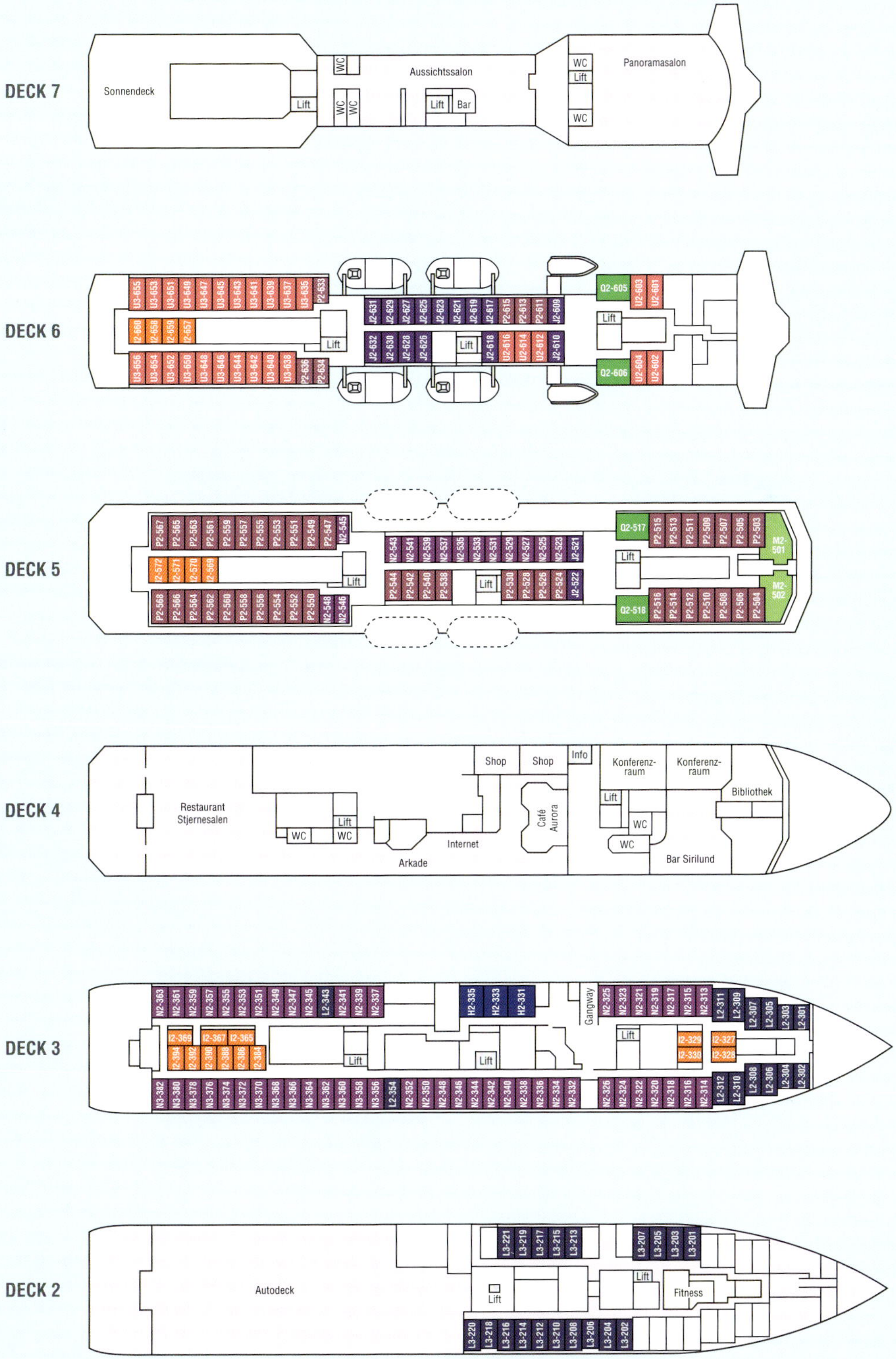

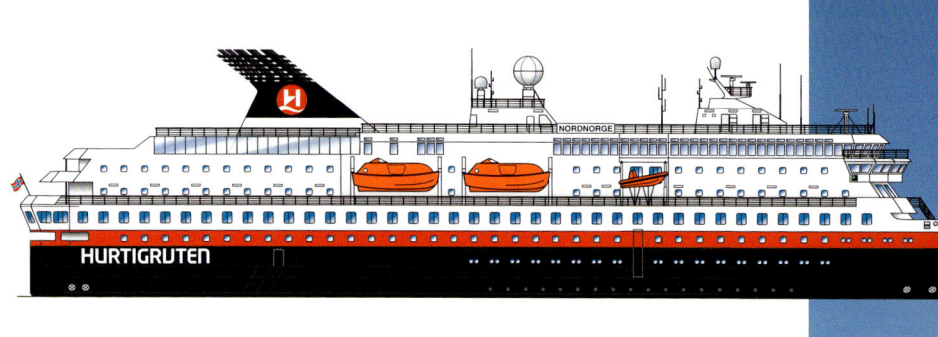

MS Nordnorge

NORDNORGE ist ein Traditionsname: 1924 stellte ODS die erste Nordnorge in Dienst, ein Dampfschiff, das vom Eintritt der Narviker Reederei 1936 bis 1940 auf Hurtigruten unterwegs war. Während der Dockliegezeit in Trondheim wurde das Schiff von der deutschen Besatzungsmacht beschlagnahmt und als Truppentransporter eingesetzt. Schon auf der ersten Fahrt wurde die NORDNORGE von britischen Flugzeugen versenkt.

Das zweite Schiff mit dem Namen NORDNORGE war 1964 der letzte Neubau der Nachkriegsära und die erneute Eintrittskarte für ODS in den Kreis der Hurtigrutenreedereien.

Schiffsdaten MS NORDNORGE

Erster Einsatz für Hurtigruten:	29. April 1997
Ersatz für:	MS KONG OLAV (1964)
Werft:	Kværner Kleven Verft, Ulsteinvik
Länge:	123,30 Meter
Breite:	19,50 Meter
Passagiere:	691
Autostellplätze:	45

Am Anleger in Sandnessjøen scheint die Sonne auf die NORDNORGE (rechts). Im Bild unten wird die Brücke vom Festland nach Rørvik passiert.

Vielen galt die in Oslo gebaute NORDNORGE als schönstes Schiff ihrer Generation, aber ähnliche Aussagen gibt es auch zu den Schiffen von Nordenfjeldske. Bis 1996 war sie im Linienverkehr unterwegs, bis sie von der NORDKAPP abgelöst wurde. Über den Umweg Zypern gelangte das Schiff als Tauchbasis auf die Malediven, bis es 2006 in Indien abgewrackt wurde.

Die jüngste NORDNORGE ist ein nahezu baugleiches Schwesterschiff der NORDKAPP. Der wichtigste Unterschied: Die NORDKAPP hat weniger Kabinen, da sie mehr Suiten erhielt, nämlich zwölf. Dieser Trend zu mehr Komfort sollte bei den folgenden Schiffen noch deutlicher ausgeprägt sein. Wie auf der NORDKAPP entwarf auch auf der NORDNORGE der Architekt Arne Johansen die Gestaltung der Räumlichkeiten, ohne jedoch den Bauplan zu verändern. Er wollte die Einrichtung gern im Artnouveau-Stil halten, sodass dunkles Holz und Messing stark vertreten sind. Für die Kunstwerke an Bord wurde als Thema die norwegische Küstenkultur gewählt, doch statt nur einen Künstler zu beauftragen, wurden bei der NORDNORGE viele verschiedene Künstler um ihre Beiträge gebeten.

Wichtig bei allen Hurtigruten-Schiffen: Der Umlauf, der sich in der Regel auf Deck 5 befindet (linke Seite, oben).

Dunkles Holz und Messing setzte der norwegische Schiffsarchitekt Arne Johansen auf der NORDNORGE ein, um die Einrichtung im Stil des Art nouveau zu halten (linke Seite, unten).

Seeleute müssen beim Festmachen an Deck mit Trossen und Leinen bei jedem Wetter arbeiten (rechts). Hier läuft die NORDNORGE in Kristiansund ein.

Das abendliche Einlaufen in Svolvær auf den Lofoten führt an leeren Stockfisch-Gestellen vorbei (unten).

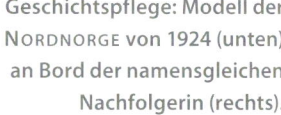

Letztes Abendlicht im Moldefjord: Die NORDNORGE fährt in die Nacht hinein.

Geschichtspflege: Modell der NORDNORGE von 1924 (unten) an Bord der namensgleichen Nachfolgerin (rechts).

Deckspläne MS Nordnorge

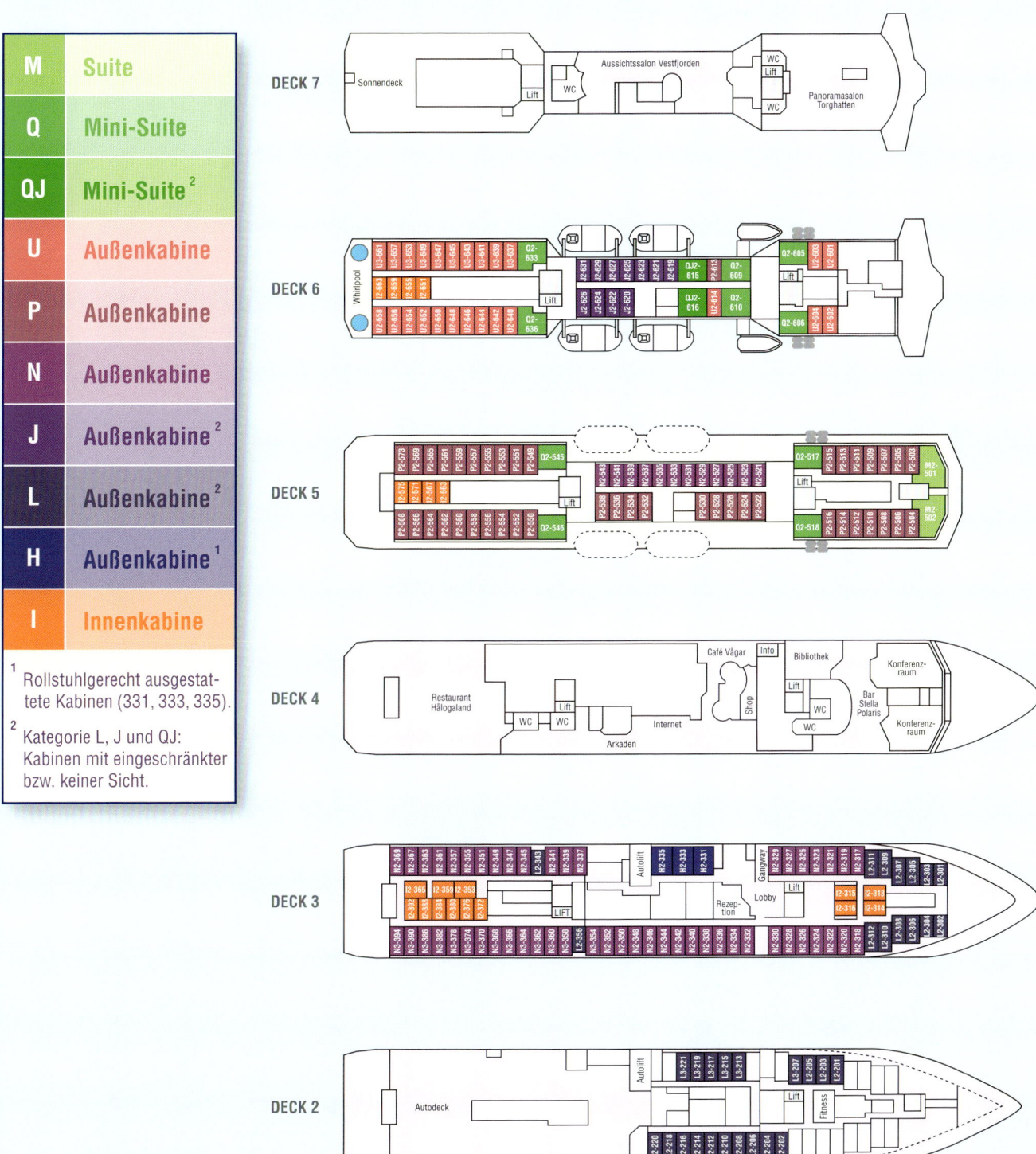

M	Suite	
Q	Mini-Suite	
QJ	Mini-Suite[2]	
U	Außenkabine	
P	Außenkabine	
N	Außenkabine	
J	Außenkabine[2]	
L	Außenkabine[2]	
H	Außenkabine[1]	
I	Innenkabine	

[1] Rollstuhlgerecht ausgestattete Kabinen (331, 333, 335).

[2] Kategorie L, J und QJ: Kabinen mit eingeschränkter bzw. keiner Sicht.

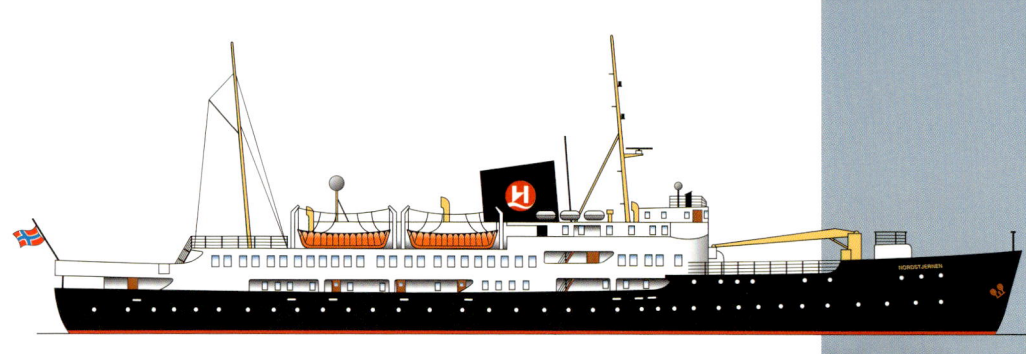

MS Nordstjernen

Das älteste Schiff unter der Flagge von Hurtigruten kann auf eine wechselhafte, aber erfolgreiche Geschichte zurückblicken. Bereits zweimal wurde es aus dem Liniendienst genommen, genauso oft erlebte die NORDSTJERNEN ein Comeback. Das einstige Flaggschiff von Bergenske kam unter die Fittiche von TFDS, die das Schiff 1994 nicht verkauften, als es durch die neue NORDLYS abgelöst wurde. Die NORDSTJERNEN wurde nun auf der damals noch bestehenden Sommerroute von Tromsø nach Spitzbergen eingesetzt. Bereits 1995 kehrte der Klassiker in den Liniendienst zurück, als die RAGNVALD JARL verkauft wurde. 1996 wurde die NORDSTJERNEN ein zweites Mal abgelöst, nun durch die neue POLARLYS. Und wieder ging es nach Spitzbergen, wo Kreuzfahrten im Sommer angeboten wurden. Im Winter 2005/2006 kehrte die gute, alte NORDSTJERNEN ein zweites Mal zurück, diesmal als Ablöser für die NORDNORGE, die in der Antarktis auf Kreuzfahrt unterwegs war. Es sagt schon einiges über die Qualitäten der im Vergleich zu den neuen Schiffen wirklichen kleinen NORDSTJERNEN, dass man ihr immer noch den Winterverkehr an der

Schiffsdaten MS NORDSTJERNEN

Erster Einsatz für Hurtigruten:	1. März 1956
Ersatz für:	MS NORDSTJERNEN (1937)
Werft:	Blohm & Voss, Hamburg
Länge:	80,77 Meter
Breite:	12,60 Meter
Passagiere:	400
Autostellplätze:	früher 4, jetzt 0

Stabil und zuverlässig: Seit 1956 wird die bei Blohm & Voss in Hamburg gebaute NORDSTJERNEN – von wenigen Unterbrechungen abgesehen – ganzjährig im Liniendienst zwischen Bergen und Kirkenes eingesetzt.

norwegischen Küste zutraute. Nachdem die FINNMARKEN 2009 nach Australien verchartert wurde, kam die NORDSTJERNEN erneut zu ganzjährigen Ehren. Nicht der Oldie wird im Winter aufgelegt, sondern meist eines der Schiffe aus der Stralsunder Werft. Es ist eben ein bewährtes und vor allem längst bezahltes Schiff. Für Liebhaber klassischer Linien und Schiffsführung ist die NORDSTJERNEN eine seltene Perle.

Über 50 Jahre hat die NORDSTJERNEN nun im Liniendienst auf dem Buckel, das hat bisher kein anderes Hurtigrutenschiff erreicht. Zu ihrem 50. Geburtstag kam das Schiff nach Hamburg zurück und wurde mit großem Bahnhof empfangen. Sie lag fast gegenüber ihrer Bauwerft am neuen Kreuzfahrtterminal neben der DEUTSCHLAND der Reederei Deilmann. Nun ist die DEUTSCHLAND wahrlich nicht besonders groß, aber neben ihr war die NORDSTJERNEN bei Niedrigwasser nicht zu sehen. Ihr Schornstein ragte knapp über die Kaikante. Unglaublich, dass dieses Schiff seit so vielen Jahren im täglichen Einsatz an der norwegischen Küste ist.

Dass der Auftrag für drei Hurtigrutenschiffe in den 1950er-Jahren an eine deutsche Werft ging, darf nach der Besatzungszeit im Zweiten Weltkrieg als ein Indiz für die Normalisierung der Beziehungen angesehen werden. Die NORDSTJERNEN ist das erste von drei Schwesterschiffen, die Blohm & Voss alle 1956 auslieferte. Glücklicherweise

Laden und Löschen erfolgen wie eh und je mithilfe des eigenen Ladegeschirrs (linke Seite, oben). Den Landgang bringt ein Gabelstapler, Tampen zum Verzurren liegen an Bord bereit (linke Seite, unten).

Die modernen Rettungsmittel an Bord sind stets einsatzbereit (beide Fotos rechts oben).
Die Hauptmaschine wurde 1983 ausgetauscht (rechts).

Begegnung zwischen jung und alt: TROLLFJORD und NORD-STJERNEN treffen sich vor dem Hafen von Berlevåg (rechts unten).

Spiegelblanke See beim morgendlichen Auslaufen aus Florø auf dem Weg nach Bergen (folgende Doppelseite).

Das Deck achtern ist ein beliebter Aussichtsplatz, wenn nicht gerade das Abendessen im Salon ansteht.

die Hamburger Werft ähnlich traditionsbewusst wie Hurtigruten und verfügt über ein gepflegtes Archiv. Darin findet sich ein Artikel aus der Zeitschrift »Hansa« von 1956, in dem die Inneneinrichtung so beschrieben wird: »Die Aufteilung der gesamten Einrichtung wurde im Grundriss von der Reederei festgelegt. Sie besitzt jahrzehntelange Erfahrung im Dienst dieser Route, und man findet auf allen Schiffen dieser Linie bestimmte Räume an der gleichen Stelle. Das bedeutet, dass die Reederei es verstanden hat, ihre Fahrgäste – meist wohl ein Stammpublikum – an den Stil ihrer Schiffe zu gewöhnen.« Und etwas weiter heißt es dann: »Die Arbeit des auf Wunsch der Reederei beauftragten einheimischen Architekten findet ihren Ausdruck in der Schlichtheit und dem doch farbenfrohen Charakter, welchem man in Skandinavien begegnet und dem selbst für uns Norddeutsche etwas Herbes innewohnt, uns aber darum keineswegs fremd anmutet.«

Det Bergenske Dampskibsselskab hatte klare Vorgaben: Die Nordstjernen sollte den anderen Schiffen der Flotte so ähnlich wie möglich sein. Man unterhielt in Bergen ein Materiallager mit Ersatzteilen, um im Schadensfall sofort eine Reparatur durchführen zu können. Selbst die Anordnung der Mantelhaken schrieben die Norweger exakt vor. In den Kabinen erster Klasse gab es eine Bettkommode mit »Platz für Nachtgeschirr und Schwimmweste«. »Brausen« und Toiletten gab es – damals noch nach Klassen geteilt – nur auf dem Gang.

Zu den technischen Besonderheiten gehörte der verstellbare Schiffspropeller, der es durch Änderung der Stellung der Propellerblätter erlaubt, zwischen Vorwärts- und Rückwärtsfahrt zu wählen, ohne dass die Maschine umgesteuert werden muss. Die originale Sechszylinder-Hauptmaschine von Burmeister & Wain wurde 1983 gegen eine moderne Achtzylinder-Maschine von MaK aus Kiel ersetzt. Damals wurden auch einige Kabinen mit eigenem Bad ausgestattet. Im Lauf der zahlreichen Modernisierungen wurde immer Wert darauf gelegt, den Charakter des Schiffes zu erhalten. So sind immer noch die Holzreliefs und Malereien von Paul René Gauguin an Bord zu sehen, die der norwegische Maler 1956 zur Ausstattung des Schiffes beitrug. Paul René Gauguin ist ein Enkel des berühmten Malers Paul Gauguin. Er wurde in Kopenhagen geboren, lebte überwiegend in Spanien, aber arbeitete für norwegische Theater und Zeitungen.

2007 wurde die Nordstjernen mitsamt ihren Kunstwerken vom norwegischen Reichsantiquar unter Denkmalschutz gestellt. Das lässt hoffen, dass uns die Nordstjernen auch erhalten bleibt, wenn sie nicht mehr auf Hurtigruten fährt. Schließlich hat sie alle Rekorde gebrochen und ist das Schiff, das am längsten auf Hurtigruten zum Einsatz gekommen ist. Sie hat weltweit einen Kreis von Liebhabern und ist auch in Norwegen immer noch sehr populär. Für den Trondheimer Anwalt für Seerecht, Roald Engeness, ist sie mehr als eine Kindheitserinnerung: Als Kind erlebte er die Jungfernfahrt entlang der Küste, Hunderte Male nutzte er das Schiff, um zu Gerichtsverhandlungen in den Küstenorten zu reisen. »Das geht schneller als mit dem Auto und ich kann mich während der Fahrt auf die Verhandlung vorbereiten«, beschreibt Engeness die Vorteile. Kein Wunder, dass Engeness zu einem Hurtigrutenfreundeskreis gehört, ist er doch seit Kindheit einer der Stammkunden, von denen die Zeitschrift »Hansa« schon 1956 schrieb.

Deckspläne MS Nordstjernen

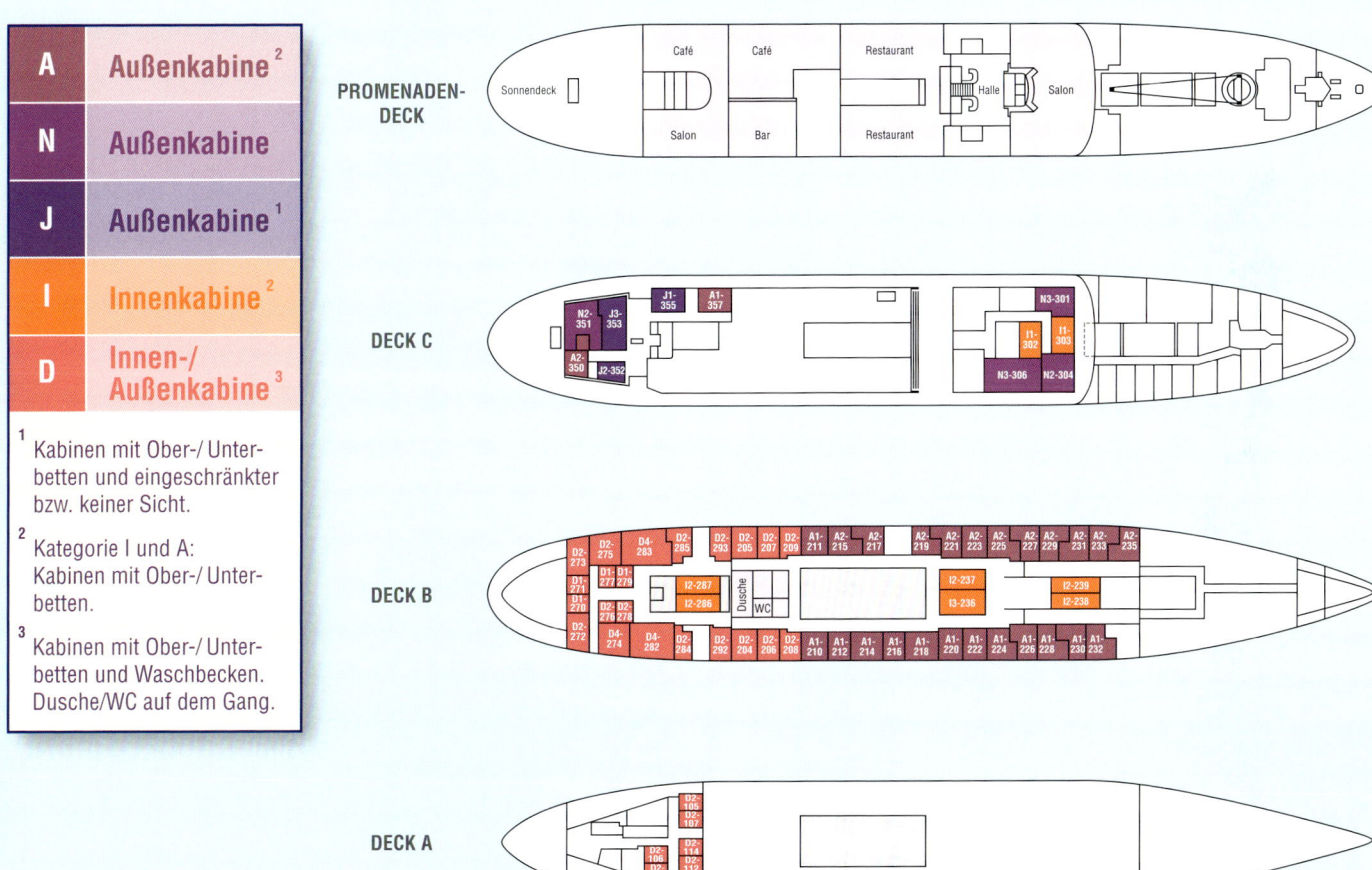

A	Außenkabine[2]	
N	Außenkabine	
J	Außenkabine[1]	
I	Innenkabine[2]	
D	Innen-/Außenkabine[3]	

[1] Kabinen mit Ober-/Unterbetten und eingeschränkter bzw. keiner Sicht.

[2] Kategorie I und A: Kabinen mit Ober-/Unterbetten.

[3] Kabinen mit Ober-/Unterbetten und Waschbecken. Dusche/WC auf dem Gang.

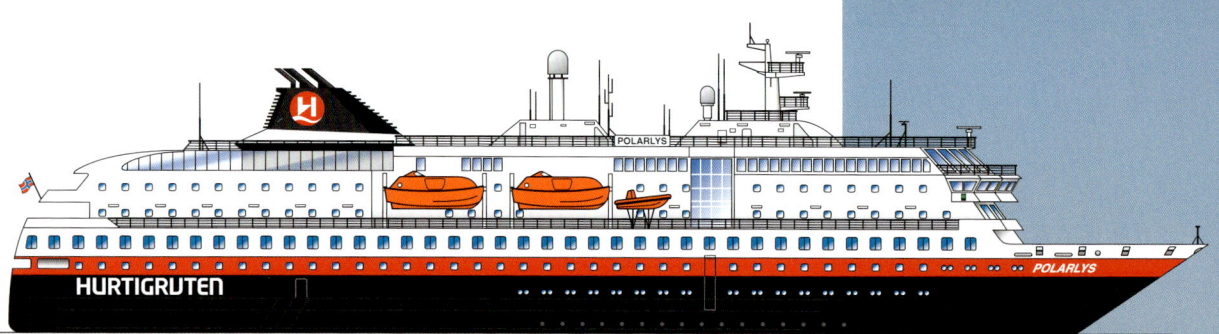

MS Polarlys

Die POLARLYS entstand parallel zur NORDKAPP auf der benachbarten Ulstein Verft, während die NORDKAPP auf der Kleven Verft entstand, die 1996 noch zur Kværner-Gruppe gehörte. Der kleine Ort südwestlich von Ålesund beherbergt bis heute zwei Werften. Die POLARLYS war das dritte neue Schiff für TFDS, das bereits von der Stralsunder Volkswerft mit der KONG HARALD und der NORDLYS zwei Schiffe der neuen Generation erhalten hatte. Ähnlich wie OVDS bei der NORDKAPP wünschte sich auch TFDS einige Veränderungen. Ein geringerer Verbrauch stand oben auf dem Wunschzettel, um das Schiff ökonomischer betreiben zu können.

Schiffsdaten MS POLARLYS
Erster Einsatz für Hurtigruten:	17. April 1996
Ersatz für:	MS NORDSTJERNEN (1956)
Werft:	Ulstein Verft, Ulsteinvik
Länge:	123,00 Meter
Breite:	19,50 Meter
Passagiere:	737
Autostellplätze:	35

Die POLARLYS erhielt vier Ulstein-Dieselmotoren, die paarweise in Reihe geschaltet sind und in verschiedenen Konstellationen gefahren werden können, um Treibstoff zu sparen.

Man ließ der Ulstein Verft relativ viel Spielraum, ohne dabei die Grundkonzeption infrage zu stellen. Die gewünschten größeren und zahlreicheren Konferenzräume wurden backbords auf Deck 4 im Vorschiff realisiert. Wo die KONG HARALD zwei Konferenzräume und eine Bibliothek hat, sind es bei der POLARLYS vier Konferenzräume. Die augenfälligsten Änderungen sind aber schon

Die Fischersfrau hält Ausschau nach den Kuttern, die Gäste an Bord der POLARLYS beobachten das Einlaufen in den Hafen von Svolvær auf den Lofoten.

Ansteuerung von Honningsvåg auf der Insel Magerøya, auf der auch das Nordkap liegt.

Die POLARLYS verlässt Tromsø auf ihrer winterlichen Reise weiter nach Norden (links).

Um Verwechslungen zwischen nord- und südgehenden Schiffen bei gleichzeitigem Aufenthalt in den Häfen zu vermeiden, trägt jedes der neueren Schiffe seinen Namen auch groß auf dem Landgang (unten).

An den stark geneigten Scheiben des Panoramasalons auf Deck 7 ist die POLARLYS gut zu erkennen.

von außen zu erkennen. Der Panoramasalon auf Deck 7 wurde 50 Zentimeter höher, wodurch die stark schräg stehenden Glasscheiben entsprechend größer ausfallen konnten. Das lässt den Salon größer und heller wirken. Neu ist auch das über drei Decks seitlich verglaste Treppenhaus, das seinerzeit Aufsehen erregte. Das stärker als bei den anderen Schiffen abgerundete Heck ist ebenfalls ein Erkennungsmerkmal der POLARLYS.

Die Gestaltung des Interieurs wurde erneut dem Osloer Designbüro Falkum Hansen überlassen, das insgesamt das Innere von sechs Hurtigrutenschiffe entwerfen durfte. Durchgehendes Thema an Bord sind die Felszeichnungen des Nordens. Man findet sie vor allem zwischen Göteborg und Moss in Küstennähe, aber die Felszeichnungen von Alta zeigen, dass auch ganz im Norden kultische Zeichnungen in die Felsen geritzt wurden.

Die POLARLYS ist das dritte Schiff dieses Namens. Die erste POLARLYS fuhr von 1912 bis 1951 auf Hurtigruten, überlebte also zwei Weltkriege – eine ungewöhnliche Geschichte. Die erste POLARLYS galt seinerzeit als schnelles Schiff und verfügte als eines der ersten über einen isolierten Frachtraum mit Kühlanlage. Selbst nach ihrer Zeit bei der Hurtigruten fand die POLARLYS noch eine neue Aufgabe: Die norwegische Marine kaufte sie und baute sie zum Torpedoboot-Begleitschiff um. Erst 1964 wurde die POLARLYS abgewrackt. Die zweite POLARLYS löste sie auf Hurtigruten 1952 ab, als Bergenske den Neubau aus Ålborg erhielt. Wie ihre Vorgängerin erhielt sie Maschinen von Burmeister & Wain aus Kopenhagen. Die zweite POLARLYS hatte die Ehre, den neuen Fahrplan 1964 als Erste zu fahren, als die Schiffsflotte nach dem Zweiten Weltkrieg endlich wieder einheitlich war. Auch die zweite POLARLYS schaffte über 40 Jahre auf Hurtigruten. 1982 erhielt sie wie die NORDSTJERNEN eine neue Maschine von MaK und wurde damit zeitweise das schnellste Schiff auf der Hurtigruten. Die POLARLYS von 1952 wurde 1993 von der KONG HARALD abgelöst.

Deckspläne MS Polarlys

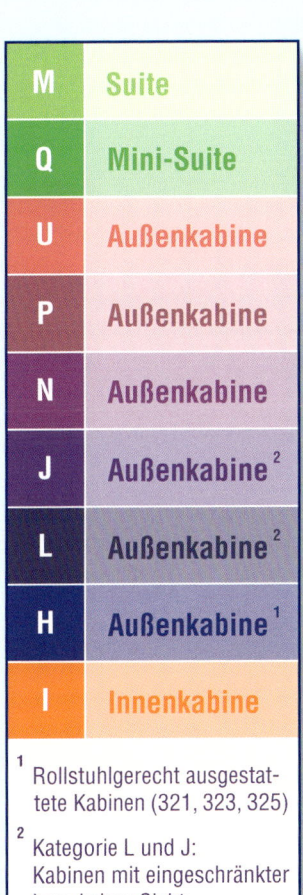

M	Suite
Q	Mini-Suite
U	Außenkabine
P	Außenkabine
N	Außenkabine
J	Außenkabine²
L	Außenkabine²
H	Außenkabine¹
I	Innenkabine

¹ Rollstuhlgerecht ausgestattete Kabinen (321, 323, 325)
² Kategorie L und J: Kabinen mit eingeschränkter bzw. keiner Sicht

DECK 7 – Sonnendeck, Bibliothek, Aussichtssalon, Bar, Panoramasalon

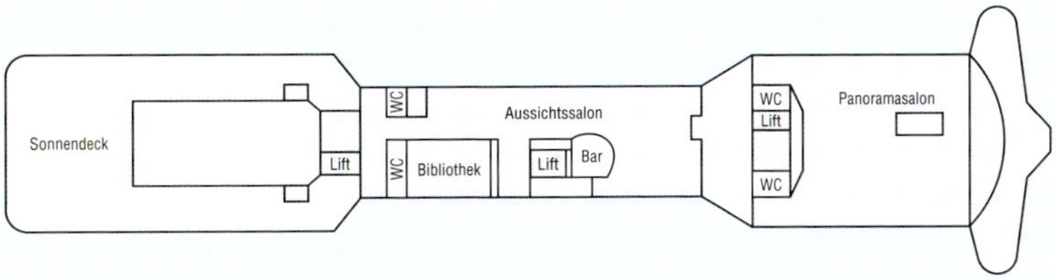

DECK 6

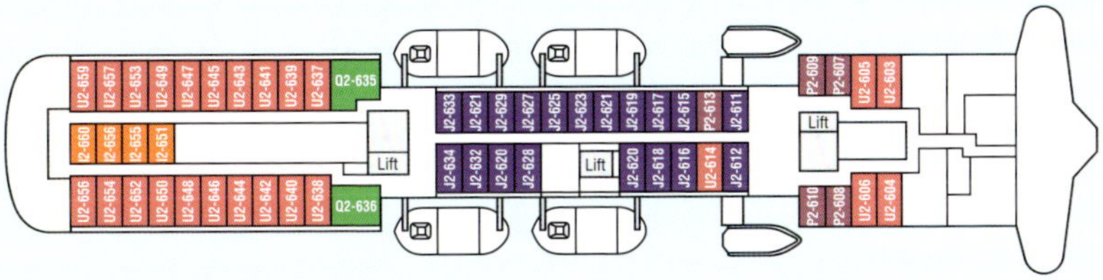

DECK 5

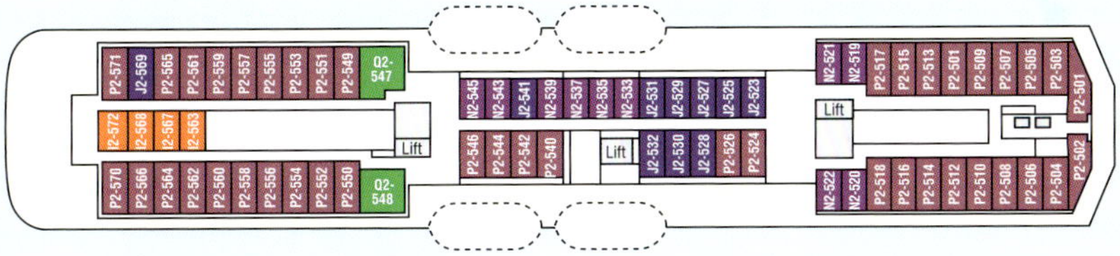

DECK 4 – Restaurant Polarlyset, Shop, Café, Konferenzräume, Café Lokalen, Café Aurora, Fjorden-Arkade, Bar Midnatsol

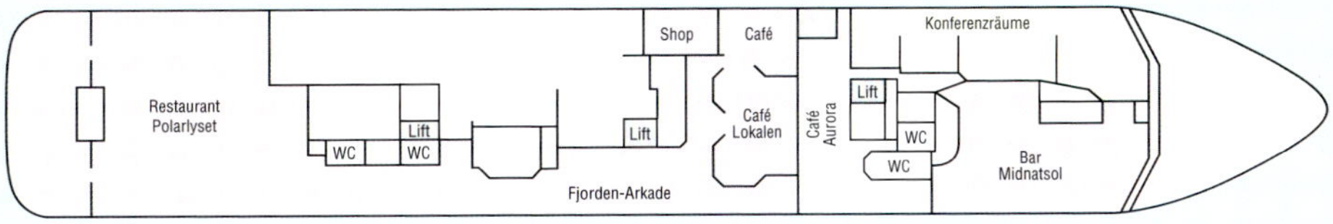

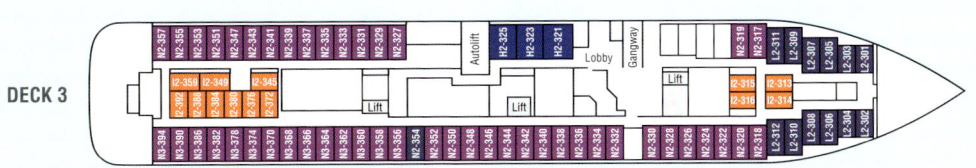

DECK 3 – Autolift, Lobby, Gangway

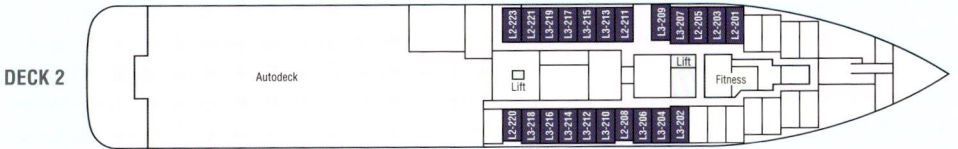

DECK 2 – Autodeck, Fitness

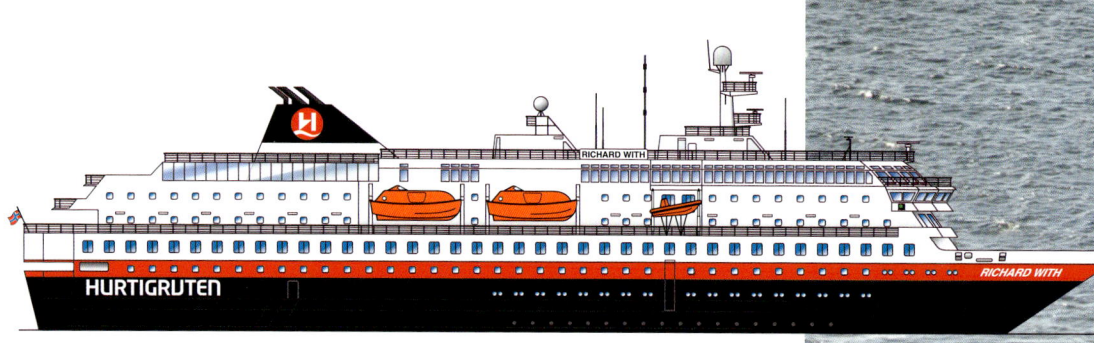

MS Richard With

Während die Kong Harald von TFDS es gerade noch rechtzeitig zu den Feierlichkeiten zum 100. Geburtstag der Hurtigruten nach Trondheim geschafft hatte, wurde die Richard With von OVDS verspätet abgeliefert. Die Übergabe an die Reederei fand erst im November 1993 statt, mit der Taufe in Narvik ließ man sich Zeit bis zum 19. Dezember. Ein Tag später übernahm sie in Harstad den Fahrplan der Finnmarken, die Blohm & Voss 1956 abgeliefert hatte. Auch dies darf man als Zeichen des neuen nordnorwegischen Selbstbewusstseins deuten: kein Dienstbeginn in Bergen oder Trondheim, obwohl die Häfen auf dem Weg von der Werftübergabe in Stralsund nach Narvik lagen.

Vom baugleichen Schwesterschiff Kong Harald unterscheidet sich die Richard With nur durch die Farbgebung der Einrichtung und die Kunstwerke an Bord, die wieder die nordnorwegische Künstlerfamilie Harr stellen durfte. Die »Schlacht am Trollfjord« im Treppenhaus stammt von Karl Erik Harr, andere Werke von seinen Geschwistern Jan und Eva Harr.

Schiffsdaten MS Richard With

Erster Einsatz für Hurtigruten:	20. Dez. 1993
Ersatz für:	MS Finnmarken (1956)
Werft:	Volkswerft Stralsund
Länge:	121,80 Meter
Breite:	19,20 Meter
Passagiere:	691
Autostellplätze:	45

Vorgänger wie Nachfolger aus Deutschland: Richard With, auf der Volkswerft Stralsund entstanden, löste die Finnmarken ab, die 1956 in Hamburg bei Blohm & Voss gebaut worden war.

1909 hatte es bereits eine RICHARD WITH gegeben, also noch zu Lebzeiten des »Erfinders« der Hurtigruten. Der Name ist nicht nur eine Auszeichnung, sondern beinhaltet auch eine Verpflichtung gegenüber Kapitän With, der durch seine spezielle Mischung aus Wissen, gutem Handwerk, wirtschaftlichem Geschick und politischem Durchsetzungsvermögen Hurtigruten geprägt hat. Die Reeder in Bergen und Trondheim mögen mehr Kapital und Macht gehabt haben, aber die Basis legten Kapitän With und Lotse Holte – sie sind die prägenden Figuren in der Geschichte der Hurtigruten.

Im mächtigen Geirangerfjord sehen auch die größten Schiffe wie Spielzeuge aus (links).

Trübes Wetter in Finnsnes, wo die RICHARD WITH auf dem Weg nach Norden festgemacht hat (unten).

Strahlender Sonnenschein beim abendlichen Ablegen in Ålesund (oben).

Der Abstecher in den kleinen Trollfjord auf den Lofoten erfolgt nordgehend kurz vor Mitternacht (unten).

Auch Hochsommertage können in Nordnorwegen recht kalt sein. Die RICHARD WITH in Honningsvåg an einem Augusttag bei zehn Grad Lufttemperatur (oben).

Im Hafen von Stamsund müssen die Schiffe vor dem Anleger ein Wendemanöver fahren (unten).

Deckspläne MS Richard With

M	Suite	
Q	Mini-Suite	
U	Außenkabine	
P	Außenkabine	
N	Außenkabine	
J	Außenkabine²	
L	Außenkabine²	
H	Außenkabine¹	
I	Innenkabine	

¹ Rollstuhlgerecht ausgestattete Kabinen (331, 333, 335)

² Kategorie L und J: Kabinen mit eingeschränkter bzw. keiner Sicht

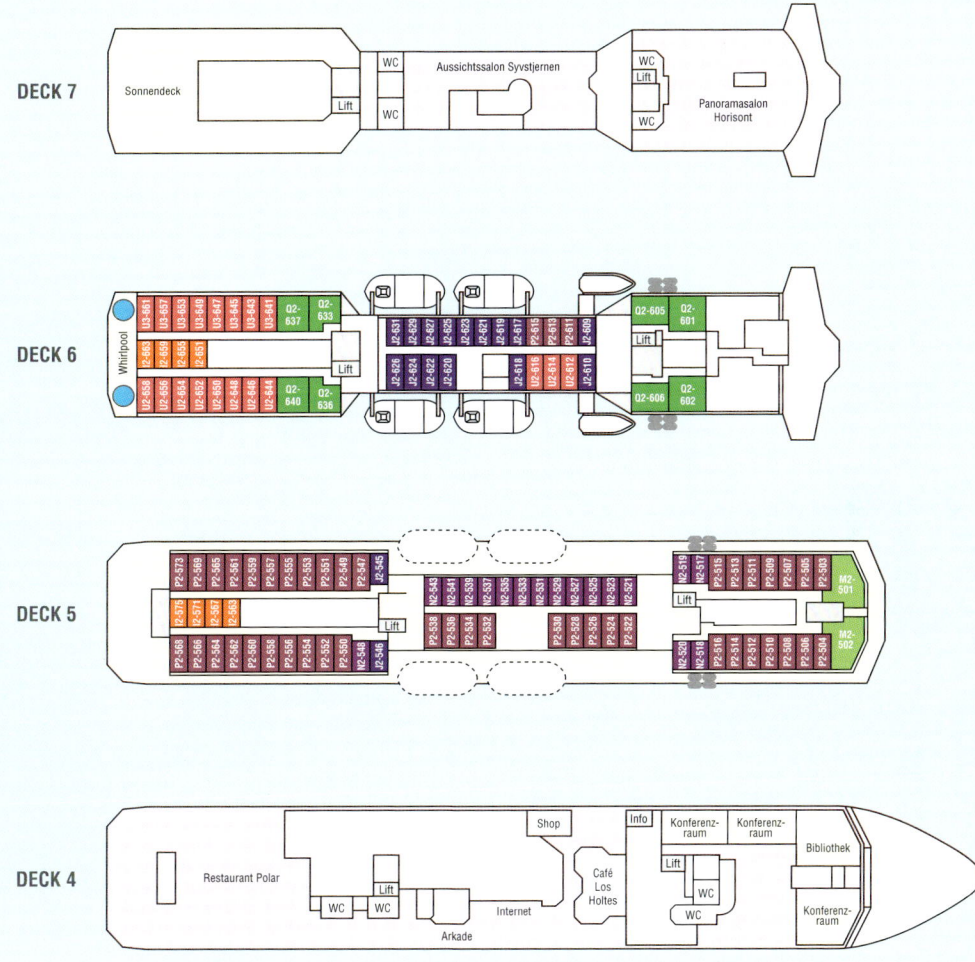

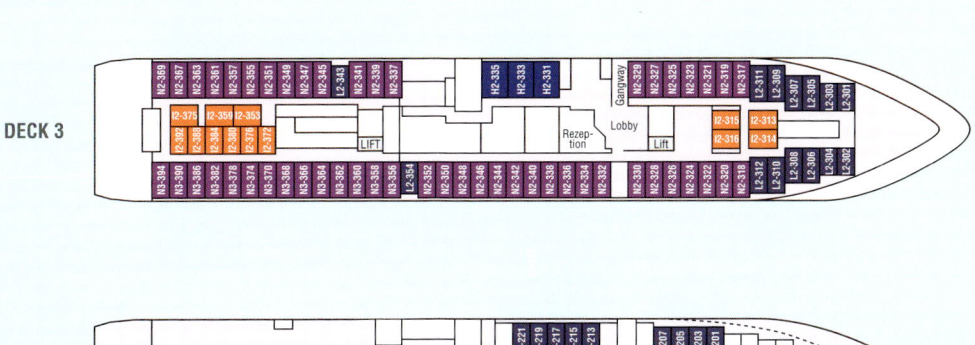

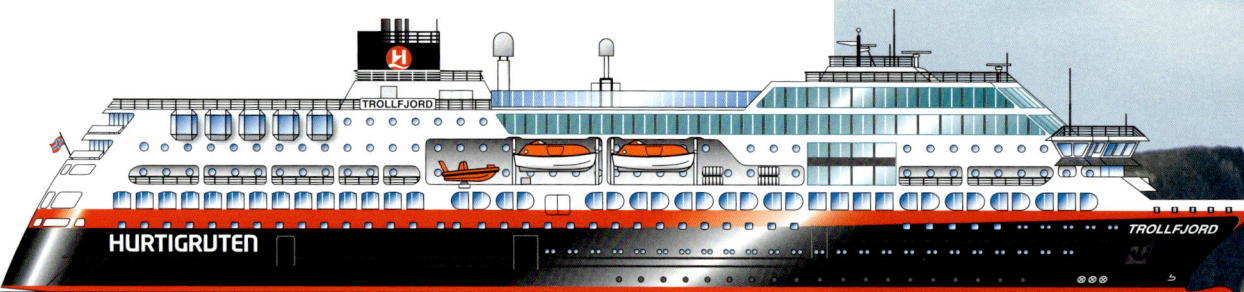

MS Trollfjord

Während die Hurtigrutenschiffe der 1990er-Jahre, beginnend 1993 mit der KONG HARALD und endend 1997 mit der NORDNORGE, weitgehend einheitlich waren und nur in sich logisch weiterentwickelt wurden, kam mit der TROLLFJORD ein neuer Schiffstyp zum Einsatz. Die FINNMARKEN, die derzeit verchartert ist, kann man als Zwischenschritt betrachten, ist sie doch mit 138 Metern das längste Hurtigrutenschiff. Trotz der guten Erfahrungen, die man mit den beiden Werften in Ulsteinvik gemacht hatte, gab TFDS sein neues Prestigeprojekt an Fosen Mekaniske Verksteder in Rissa am Trondheimsfjord. TROLLFJORD und MIDNATSOL sind baugleich.

Schiffsdaten MS TROLLFJORD
Erster Einsatz für Hurtigruten: 18. Mai 2002
Ersatz für: MS HARALD JARL (1960)
Werft: Fosen Mekaniske Verksteder, Rissa
Länge: 135,75 Meter
Breite: 21,50 Meter
Passagiere: 822
Autostellplätze: 45

Der Rumpf der TROLLFJORD entstand in Landskrona in Schweden, wurde dann in den Trondheimsfjord geschleppt und auf der dortigen Werft weiter ausgebaut. Aber die Werft hatte Probleme und so wurde die Trollfjord sechs Wochen verspätet ausgeliefert. Während der Ausbauphase lag die alte HARALD JARL in Rissa und diente als Hotelschiff. Sie stand zum Verkauf. An Bord befanden sich noch die originalen Kunstwerke des nordnorwegischen Künstlers Kaare Espolin Johnson, mit denen, so sagte man sich, die kroatischen Käufer bestimmt nichts anfangen könnten. Glaubt man den Erzählungen Beteiligter, muss es sich um eine recht spontane Aktion gehandelt haben: Jedenfalls wurden die Kunstwerke auf der HARALD JARL demontiert und fanden ihren neuen Platz in einem Salon auf Deck 8 der TROLLFJORD. So blieben die Werke des halb blinden Kaare Espolin Johnson der Hurtigruten erhalten, und der Salon trägt heute seinen Namen.

Ob die TROLLFJORD für die Werft oder für die Reederei zu ambitioniert war, lässt sich schwer sagen. Bereits im Oktober 2002 musste die TROLLFJORD wieder in die Werft, um ein drittes Seitenstrahlruder zu bekommen. Auch an der Schiffselektrik mussten Änderungen vorgenommen werden: Die Hauptschalttafel wurde ausgetauscht. Mit der MIDNATSOL gab es ähnliche Probleme, sie hatte im Dezember 2003 einen Maschinenstillstand. Die Situation zwischen Ålesund und Måløy am Westkap war so kritisch, dass die MIDNATSOL »Mayday« senden musste, weil sie antriebslos auf die Küste zutrieb. Glücklicherweise fassten dann die Anker und hielten das Schiff. Schließlich gelang es der Mannschaft, die Maschine wieder zum Laufen zu bringen, sodass die MIDNATSOL aus eigener Kraft die Fahrt fortsetzen konnte. Alle Passagiere hatten bereits Notfallanzüge und Schwimmwesten an und mussten in die Rettungsboote steigen, die jedoch noch nicht zu Wasser gelassen wurden. Laut Aussage der Rettungskräfte war die MIDNATSOL nur noch 100 bis 150 Meter von Schäreninseln entfernt. Ein Seenotrettungskreuzer war vor Ort, drei Rettungshubschrauber in der Luft. Es hat im Winter 2003 nicht viel gefehlt und es wäre zum größten Unglück in der jüngeren Geschichte der Hurtigruten gekommen. Die TROLLFJORD musste jedenfalls am Tag nach dem Beinaheunglück des Schwesterschiffes in Molde am Kai liegen bleiben, da es noch immer stürmte. Das Problem bei beiden Schiffen, ein anfälliges Kühlsystem der Maschinen, das unter ungünstigen Verhältnissen mehrmals zum Stillstand der Maschinenanlage führte, ist inzwischen behoben.

Auch als Modell unter Glas ist die TROLLFJORD beeindruckend (oben).

Abends gegen 22 Uhr liegt die TROLLFJORD hinter der schützenden Mole von Berlevåg (vorhergehende Seite).

Vardø ist der östlichste Hafen der Route. Die nordnorwegische Stadt liegt östlicher als Istanbul (rechts).

Ein gläserner Lift schafft auf der TROLLFJORD wie auf ihrem Schwesterschiff MIDNATSOL Kreuzfahrt-Atmosphäre (unten).

Frische Seeluft ist auch Erholung für die Haut. Abends wie zu jeder anderen Tageszeit locken zwei beheizte Whirlpools Gäste auf das ansprechend gestaltete Sonnen- und Aussichtsdeck.

Der Zwischenfall auf der MIDNATSOL rückte übrigens einen alten Plan wieder ins allgemeine Interesse: den Stad-Schiffstunnel. Dieser rund 1800 Meter langer Tunnel soll unter der Halbinsel Stadlandet hindurchführen, damit die Schiffe nicht mehr das Westkap umrunden müssen. Breite und Höhe dieses weltweit einzigartigen Tunnels sollen so ausgelegt werden, dass ihn auch die Hurtigrutenschiffe passieren können. Pläne zu einem Tunnel dieser Art gibt es bereits seit 1870, aber ob der ungewöhnliche Schiffstunnel wirklich gebaut wird, ist noch nicht entschieden. Immerhin haben die beteiligten Ministerien 2001 eine Studie in Auftrag gegeben, die positiv ausfiel. Vielleicht bekommt die Hurtigruten durch diesen Tunnel ja noch eine weitere Attraktion.

Wie das Schwesterschiff verfügt die TROLLFJORD ebenfalls über zahlreiche Suiten und Minisuiten. Beliebt sind auch die beiden Whirlpools auf dem Sonnendeck. Der Panoramasalon im vorderen Bereich umfasst zwei Decks und ist komplett verglast. Durch die insgesamt höhere Kapazität der MIDNATSOL sowie der TROLLFJORD war eine Erweiterung der Aussichtsplätze nötig, schließlich zielen diese kleinen Kreuzfahrtschiffe vor allem auf internationale Touristen.

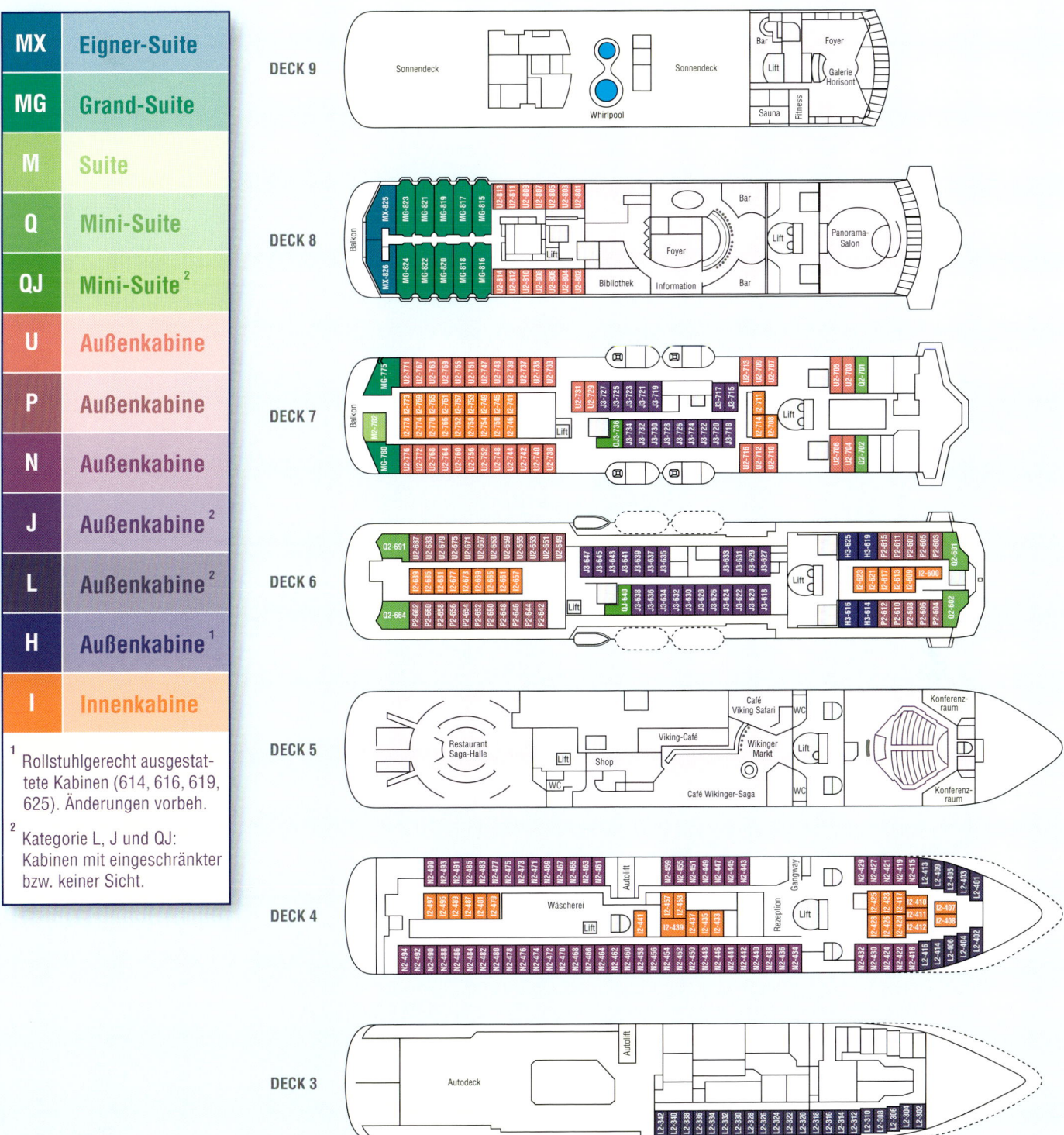

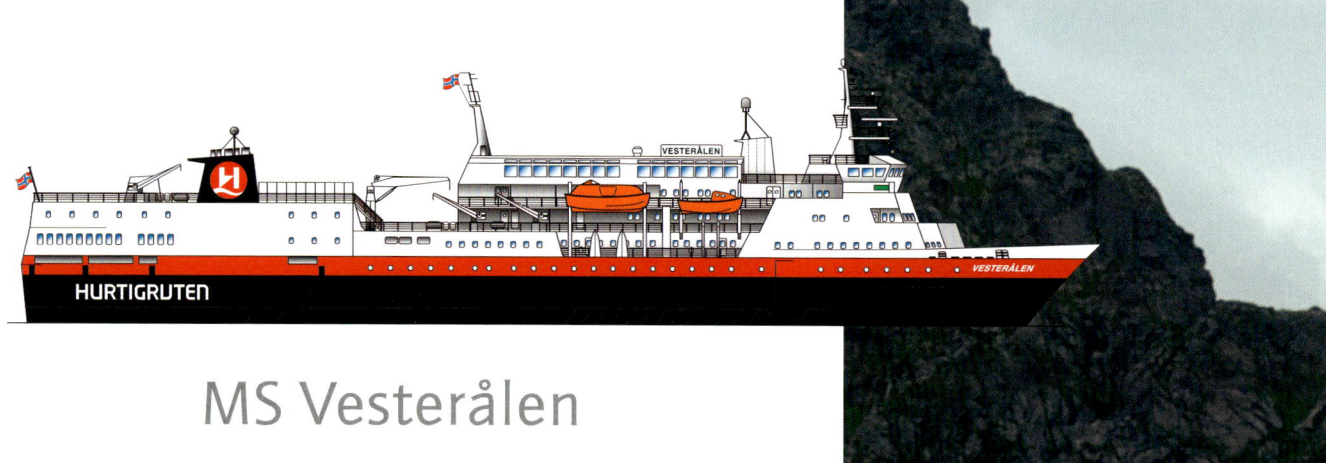

MS Vesterålen

Die VESTERÅLEN ist das einzig verbliebene Schiff der sogenannten mittleren Generation der 1980er-Jahre. Sie trägt den vielleicht berühmtesten Namen, denn nach der Inselgruppe war bereits das Schiff benannt, mit dem Kapitän Richard With 1893 den Betrieb der Hurtigruten aufnahm. 1950 folgte dann das zweite Schiff dieses Namens, das aus der ersten Nachkriegsbaureihe stammt, die in Ancona entstand.

Schiffsdaten MS VESTERÅLEN
Erster Einsatz für Hurtigruten: 17. Februar 1983
Ersatz für: MS VESTERÅLEN (1950)
Werft: Kaarbø Mekaniske Verksted, Harstad
Länge: 108,00 Meter
Breite: 16,50 Meter
Passagiere: 510
Autostellplätze: 35

Der Bau der VESTERÅLEN fiel in eine Periode des Umbruchs. Der norwegische Staat wollte die Verluste der Hurtigruten nicht mehr ausgleichen und verlangte konzeptionelle Änderungen an den Schiffen. So entstanden die damalige MIDNATSOL, die NARVIK und die VESTERÅLEN, deren Konzept stärker auf Fracht als auf Passagiere setzte. Erstmals gab es die seitliche Klappe mit Aufzügen für Fahrzeuge und Fracht, auf dem Achterdeck war Platz, um Container zu befördern. Für den Fahrzeugtransport war dies ein enormer Fortschritt, schließlich gab es bis dahin nur vier Autostellplätze auf dem offenen Vordeck und eine Verladung per Kran. Interessant ist, dass alle drei Schwesterschiffe nach identischen Bauplänen bei drei verschiedenen norwegischen Werften entstanden.

Tiefe Wolken hängen in den Bergen der Lofoten fest, als die VESTERÅLEN die Inselgruppe passiert.

Die MIDNATSOL von 1982 war das erste Schiff der Baureihe, sie wurde in Ulsteinvik gebaut. Schon im Sommer 1983 merkte man, dass die Passagierkapazität mit Platz für nur 166 Passagiere in Kabinen viel zu knapp bemessen war. Da war es aber bereits zu spät, denn die Schwesterschiffe NARVIK und VESTERÅLEN waren bereits in Dienst gestellt. Die VESTERÅLEN ist zurzeit das einzige Schiff der Hurtigrutenflotte, das in Nordnorwegen gebaut wurde, nämlich bei Kaarbø Mekaniske Verksted in Harstad. Nach nur fünf Jahren gingen alle drei Schiffe nach Bremerhaven in die Werft und wurden umgebaut: Im Winter 1988/1989 wurde ihnen ein vorgefertigter Aufbau auf das Achterdeck aufgesetzt, der Platz für 70 weitere Kabinen bot. Außerdem erhielt die VESTERÅLEN wie ihre Schwestern einen Panoramasalon, der als Deck G mittschiffs oben aufgesetzt wurde. Auf der VESTERÅLEN sind die Decks wie auf den beiden historischen Schiffen LOFOTEN und NORDSTJERNEN mit Buchstaben gekennzeichnet, auf allen anderen Schiffen haben die Decks Nummern.

An praktischem Nutzen hat die VESTERÅLEN durch die Umbauten sicher gewonnen, ansehnlicher ist sie dadurch nicht geworden. Im Gegenteil, vom Erscheinungsbild kann die VESTERÅLEN sicherlich keinen Schönheitspreis gewinnen, sie wirkt eher etwas verbaut. Der Besatzung ist durchaus bewusst, dass die VESTERÅLEN optisch nicht mit den Traumschiffen TROLLFJORD und MIDNATSOL mithalten kann. Daher versucht man, diesen Nachteil durch besonders gutes Essen zu kompensieren. Durch die geringe Zahl an Passagieren ist die Atmosphäre ohnehin sehr persönlich, ähnlich wie auf der NORDSTJERNEN. Hinzu kommt, dass die VESTERÅLEN sehr robust gebaut ist, war sie doch ursprünglich als Lastesel konzipiert. Die Modernisierung 1995 hat dem Schiff gut getan, es wirkt hell und frisch. Wer es lieber etwas rustikal und gemütlich mag, findet in der VESTERÅLEN ein treues, solides Hurtigrutenschiff.

Die VESTERÅLEN überzeugt mit inneren Werten, die Mannschaft hebt diese Eigenschaft durch einen besonders zuvorkommenden Service und gutes Essen hervor.

Deckspläne MS Vesterålen

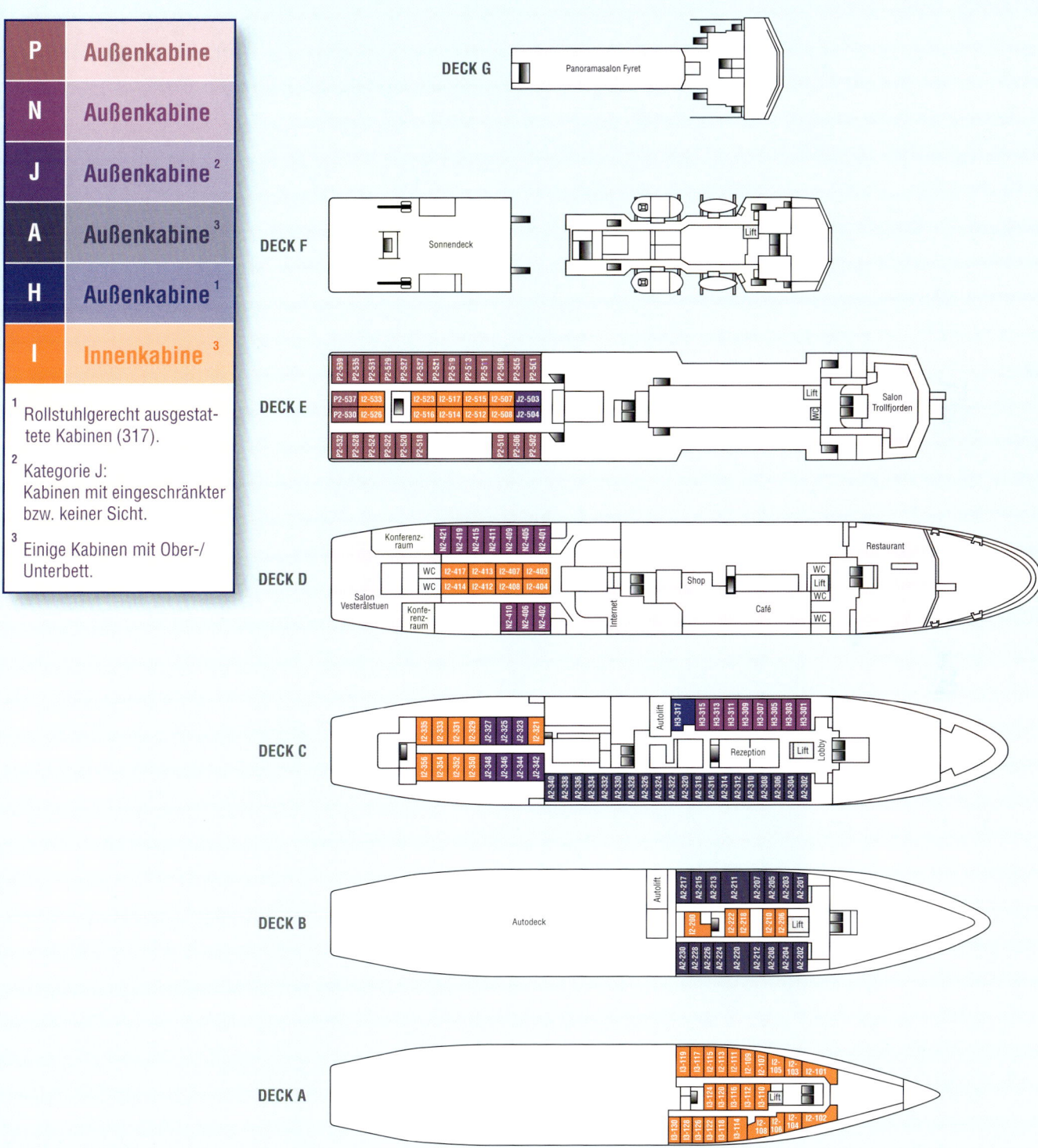

Außerdem sind im Delius Klasing Verlag von Ralf Schröder folgende Werke erschienen:
Die schönsten Nordland-Kreuzfahrten
Flusskreuzfahrten auf der Donau, Passau – Wien – Budapest
Flusskreuzfahrten auf Rhein – Main – Mosel
Hurtigruten – Mit dem Postschiff von Bergen nach Kirkenes
Kreuzfahrten auf der Ostsee – Die schönsten Hafenstädte des Mare Balticum

Bibliografische Information der Deutschen Nationalbibliothek
Die Deutsche Nationalbibliothek verzeichnet diese Publikation
in der Deutschen Nationalbibliografie; detaillierte bibliografische
Daten sind im Internet über http://dnb.d-nb.de abrufbar.

1. Auflage
ISBN 978-3-7688-3323-3
© Delius, Klasing & Co. KG, Bielefeld

Alle Fotos stammen vom Autor bis auf
Blohm & Voss, Hamburg: S. 12, 14/15, 16, 17, 26
Thomas Bork, Offenburg: S. 10 u., 52, 56/57, 58/59, 61 u., 62, 67 re., 94 Mi. + u.
Udo Haafke, Ratingen: S. 30
Mauritius images, Mittenwald: S. 53 u. (Trond Hillestad), 69 u. (age), 125 o. (Jochen Tack), 126 o. (Sylvia Westermann), 126 u. (Reiner Harscher)
Gabi Reichert, Bubenheim: Titelfoto, S. 22 o., 81 u., 105 u., 106
Lars Schneider, Seevetal: S. 20/21, 23 o., 90/91, 124/125
Max Schröder, Kiel: S. 55 u., 70/71, 72, 111 u., 142
Zeitschrift HANSA Schiffahrt–Schiffbau–Hafen, 93. Jahrgang 1956, S. 749: S. 23 u.
Karten und Zeichnungen: Planstelle Jens Rademacher, Hamburg
Schutzumschlaggestaltung: Gabriele Engel
Layout: Petra Wittler, scanlitho.teams
Lithografie: scanlitho.teams, Bielefeld
Druck: Himmer AG, Augsburg
Printed in Germany 2011

Alle Rechte vorbehalten! Ohne ausdrückliche Erlaubnis
des Verlages darf das Werk weder komplett noch teilweise
reproduziert, übertragen oder kopiert werden, wie z. B.
manuell oder mithilfe elektronischer und mechanischer
Systeme inklusive Fotokopieren, Bandaufzeichnung und
Datenspeicherung.

Delius Klasing Verlag, Siekerwall 21, D-33602 Bielefeld
Tel.: 0521/559-0, Fax: 0521/559-115
E-Mail: info@delius-klasing.de
www.delius-klasing.de